단 하나의 생각도 일으키지 마십시오

데이비드 가드먼 편집 | 김병채 옮김

슈리 크리슈나다스 아쉬람

The Fire of Freedom
Satsang with Papaji
Volume 1
Edited by David Godman

Published by
Avadhuta Foundation
P.O. Box 296, Boulder, Colorado 80306-0296 USA
mail@avadhuta.com
www.avadhuta.com
(303) 473-9295
toll free; (877) 282-3488

빠빠지와의 삿상

깨달음으로 가는 길

17

데이비드 가드먼 편집 | 김병채 옮김

단 하나의 생각도
일으키지 마십시오

🕉 슈리 크리슈나다스 아쉬람

목차

서문

　하리완쉬 랄 뿐자는 1913년 리얄뿌르 부근에서 태어났다. 리얄뿌르는 그 당시 인도 관할의 뻰잡 지방에 있는 작은 마을이었지만, 그 뒤 1947년에는 새로 창설된 국가인 파키스탄의 일부가 되어 버렸다. 정부철도망의 한 역장으로 일했던 그의 아버지는 자주 전근을 가야 해서 가족들은 정기적으로 다른 작은 마을로 이사해야 했다.

　1919년, 영국식민정부는 제1차 세계대전의 승리를 기념하기 위해 특별 공휴일을 선포했다. 뿐자 가족은 그 지역에서 가장 큰 도시인 라호르로 여행을 떠났는데, 하리완쉬가 처음으로 큰 영적 깨달음을 얻은 곳은 바로 그곳에서였다. 망고와 요구르트 음료를 가족들에게 차례차례 전달하고 있을 때, 하리완쉬는 자신의 것에는 주의를 기울이지 못했다. 왜냐하면 그는 이미 참나의 직접적인 경험에 의해 완전히 마비되어 있었기 때문이다. 그는 마시지도, 말하지도 혹은 어떤 식으로도 움직일 수 없게 되었으며, 3일 동안 이 상태에 들어 있었다. 후일 그는 그것이 순수한 아름다움과 행복의 경험이었다는 말로 그에게 일어났던 일을 표현하고자 하였으나, 그 당시에는 자신에게 일어났던 일을 평가할 수가 없었다. 일단 이렇게 참나의 행복과 직접적인 접촉을 하게 되자, 그는 그 후 많은 세월 동안 이 경험을 다시 해보려고 노력하였다. 때로는 자연스럽게 그 경험 속으로 끌려들어 가는 경우도 있었다.

크리슈나의 열렬한 헌신자였던 그의 어머니는 그에게 크리슈나에게 헌신하면 다시 이러한 행복의 상태로 돌아갈 것이라고 확신시켜 주었다. 어머니의 조언에 따라서 하리완쉬가 크리슈나의 사진에 열심히 주의를 집중하자, 크리슈나는 만져질 만큼 단단한 실제 육신의 모습으로 그의 앞에 나타나기 시작했다. 비록 가족 중 다른 어느 누구도 크리슈나를 볼 수 없었지만, 그들 모두는 하리완쉬가 '눈에 안 보이는' 그의 새 친구와 놀고 있는 것을 보았다. 하리완쉬는 크리슈나의 형상에 너무나 매료되었고, 오랫동안 그의 주요 영적 욕구는 크리슈나와 함께 있을 때 생기는 희열을 누릴 수 있도록 크리슈나를 그의 면전에 나타나게 하는 것이었다.

열세 살 무렵이 되었을 때, 그는 학교 교과서에 실려 있던 붓다의 형상과 사랑에 빠졌다. 그것은 현재 라호르의 한 박물관에 있는 유명한 조각상의 사진이었는데, 그것은 붓다를 여읜 고행자로 묘사하고 있었다. 무언가가 하리완쉬를 자극하여 그 책 속의 사진을 흉내 내게 했으며, 그 뒤 몇 달간 그는 그 사진처럼 보이도록 하기 위해 일부러 굶었다. 그는 또한 어머니의 사리 중 하나로 승복을 직접 만들어 입고 탁발을 하러 나갔으며, 마을 광장에서 붓다에 대해 설법했다. 붓다를 흉내내던 그의 10대의 모험은 그 모험에 대해 아무것도 모르고 있던 어머니가 자신의 사리 중 하나를 그가 승복으로 만들었다는 사실을 알았을 때 끝이 났다.

1920년대 후반, 하리완쉬의 가족이 살던 리얄뿌르의 집에 수끄데브가 세를 들었는데, 그는 무력으로 인도에서 영국군을 몰아내고자 애쓰고 있던 어떤 조직에 속한 무장 독립투사였다. 수끄데브와 그의 친구 바가뜨 싱은 둘 다 결국 식민정부의 관리들에 대한 살인과 살인 미수의 죄명으로 영국군에 의해 교수형을 당했다. 간디의 비폭력 방침을 싫어했던 하리완쉬는 그들 집단의 일원이 되었다. 그는 자신의 조국을 점령하고 있는 영국군에 대항하는 폭력이 합법적인 자기방어라고 굳게 확신했기 때문이다. 그는 가족에게 자신은 어떠한 폭력적인 활동에도 참가하지 않을 것이라고 이미 약속해 놓았다. 왜냐하면 그런 활동은 그의 다른 가족 구성원들에 대한 보복으로 이어질 수도 있었기 때문이다. 그러나 그는 영국군을 힘으로 인도에서 몰아내야 한다고 사람들을 설득하기 위해 열변을 토하는 적극적인 대중 연설가가 되었다. 수끄데브와 바가뜨 싱이 교수형에 처해진 뒤, 하리완쉬는 그 보복의 임무로 추정되는, 인도 총독이 탄 열차폭파 미수 사건에 실제로 참가했다. 그러나 그 일이 실패로 돌아가자 뻔잡에서의 투쟁운동은 그 구성원들 대부분이 그때까지 투옥되거나 영국군에 의해 처형되면서 용

두사미로 끝났다.

하리완쉬는 가족의 장남이었다. 16세가 되었을 때 그는 전통적인 중매결혼을 하고 세일즈맨으로 일하기 시작했다. 그의 아버지는 그를 대학에 보낼 여유가 없었기 때문이다. 그의 일은 처음엔 스포츠 제품과 수술도구를 파는 일이었는데, 일 때문에 그는 뭄바이로 갔고 그곳에서 1930년대 대부분을 보냈다. 그의 수입은 아내와 어린 자녀들, 그리고 리얄뿌르에 살고 있던 다른 가족들을 먹여 살릴 만큼 충분했다.

1940년대 초, 제2차 세계대전이 발발한 후 하리완쉬는 영국 전시 군대의 장교를 지원했다. 그는 1920년대와 30년대의 뻰잡 독립투사들은 적절한 군사훈련이 부족했고 무기와 탄약을 충분히 얻을 수 없었기 때문에 결국 실패할 수밖에 없었다고 생각했다. 장교직에 지원하면서 그는 나중에 영국군과 다시 싸울 때 유용하게 쓸 수 있는 좋은 군사훈련을 받게 되리라 생각했다. 그러나 훈련을 시작한 후 바로 자신의 생각이 비현실적인 목표라는 것을 깨달았다.

독립투사로 몇 년을 보냈던 시절에도, 결혼한 남자로 뭄바이에서 일할 때도 하리완쉬는 크리슈나에 대한 사랑을 결코 버린 적이 없었고, 크리슈나를 정기적으로 보려고 하는 욕구도 마찬가지였다. 마침내 장교가 되었을 때는 크리슈나 형상 앞에서 그가 나타나도록 설득하려는 시도로 매일 밤 사리, 보석 및 화장으로 치장을 하고 춤을 추는 데 보냈다. 그는 크리슈나가 여자에게 나타날 가능성이 더 높다고 확신하고 있었다.

결국 군복무가 그에게 적합하지 않는 것으로 드러났을 때 그는 항상 크리슈나를 볼 수 있게 해줄 구루를 찾기 위해 장교 직에서 사임했다. 그리고 그런 구루를 찾아 전 인도를 돌아다니다 당시 가장 유명한 스승들 중 몇 분을 만났다. 그러나 그가 관례적으로 처음에 물어보는 질문인 "신을 보셨습니까? 보셨다면 그분을 저에게 보여 주실 수 있습니까?"에 대해 그들 중 아무도 긍정적인 대답을 해줄 수 없었다.

그가 집으로 돌아와 있을 때, 힌두 탁발 수도승인 한 사두가 리얄뿌르의 그의 집 문 앞에 나타나 자선을 청했다. 하리완쉬는 다시 그 질문을 했다. "저에게 신을 보여 줄 수 있습니까, 보여 주실 수 없다면 보여 줄 수 있는 사람을 알고 있습니까?"

그 사두는 "예, 저는 당신에게 신을 보여 줄 수 있는 사람을 알고 있습니다. 만약 당신이 가서 그 사람을 만나면, 당신의 모든 문제가 다 해결될 것입니다. 그의 이름은 라마나 마하리쉬입니다."라는 말로 대답했다.

하리완쉬는 그 사두에게서 라마나 마하리쉬가 남인도의 띠루반나말라이에 산다는 것을 알아냈다. 이전에 구루를 찾는다고 떠났다가 아무런 성과 없이 끝낸 여행에 모든 돈을 써 버렸기 때문에 그는 기차로 띠루반나말라이에서 불과 몇 시간이면 가는 도시인 쩬나이에 있는 한 회사에서 일자리를 얻어 남쪽으로 가는 여행 경비를 마련했다.

1944년, 라마나 마하리쉬의 아쉬람에 도착했을 때 그는 몹시 불쾌하게도 라마나 마하리쉬가 리얄뿌르에서 사두로 그에게 나타났던 바로 그 사람이라는 것을 알았다. 속았다고 느끼면서 막 아쉬람을 떠나려고 했을 때, 그는 슈리 라마나가 거의 50년 동안 띠루반나말라이를 떠난 적이 없다는 말을, 아쉬람에 거주하고 있던 한 헌신자로부터 들었다. 그래서 호기심에 머무르기로 결정했다.

그는 슈리 라마나에게 처음 말을 하면서 "당신은 뻰잡에 있는 제 집에 온 그 사람입니까?"라고 물었다. 그러나 슈리 라마나는 침묵으로 일관했다.

그 다음에 그는 자신의 관례적인 질문인 "신을 보셨습니까? 보셨다면 제가 그분을 볼 수 있게 해줄 수 있습니까?"를 물었다.

슈리 라마나는 "신을 보여 줄 수는 없습니다. 왜냐하면 신은 볼 수 있는 객체가 아니기 때문입니다. 신은 주체입니다. 그분은 보는 자입니다. 볼 수 있는 객체에 매달리지 마십시오. 보는 자가 누군지를 알아내십시오."라고 대답했다. 그는 또한 "오직 당신만이 신입니다."라고 덧붙였다.

여전히 크리슈나를 몹시 보고 싶어 견딜 수 없어 하고 있던 하리완쉬는 이 충고를 받아들이려고 하지 않았지만, 슈리 라마나의 면전에서 한 차례의 중요한 경험을 할 수 있을 만큼 오래 머물러 있었다. 그의 저서 『Nothing ever happened』라는 책에서 그는 그 경험을 다음과 같이 기술하고 있다.

그의 말들은 나에게 깊은 인상을 주지 않았다. 그의 말들은 내가 전국의 스와미들로부터 들었던 그 수많은 이야기들 속에 추가될 또 하나의 변명으로 밖에 들리지 않았다. 그는 (뻰잡의 우리 집에 찾아왔을 때) 나에게 신을 보여 준다고 약속했지만, 지금은 신을 보여 줄 수 없을 뿐만 아니라 다른 그 누구도 신을 보여 줄 수 없다고 말하고 있었다. 그가 나에게 신을 보고 싶어 하는 자인 이 '나'가 누군지를 알아보라고 말한 뒤에 바로 내가 겪었던 경험이 아니었다면, 나는 그와 그의 말을 다시 생각할 것도 없이 깨끗이 잊어버렸을 것이다. 그는 말을 마칠 즈음에 나를 쳐다보았고, 그가 내 눈을 뚫어지게 쳐다보자 내 온몸은 덜덜 떨리면서 흔들리기 시작했다. 신경에너지의 전율이 내 몸을 뚫고 지나갔다. 내 신경말단은 마치 춤을 추고 있는 것처럼 느껴졌고 머리카락은 곤추섰다. 내 안에서 나는 영적인 가슴을 알게 되었다. 그것은 물리적인 가슴이 아니다. 그것은 오히려 존재하는 모든 것의 근원이면서 지주이다. 그 가슴속에서 나는 아직 피지 않은 꽃봉오리 같은 것을 보거나 느꼈다. 그것은 매우 빛나면서 푸르스름했다. 마하리쉬가 나를 쳐다보고 있고 나 자신은 내적 침묵의 상태에 잠겨 있을 때, 나는 이 봉오리가 열려 꽃피는 것을 느꼈다. 나는 '꽃봉오리'라는 말을 쓰고 있지만 이 말은 정확한 묘사가 아니다. 꽃봉오리 같이 느껴지는 어떤 것이 가슴속의 내 안에서 열리고 꽃피었다고 말하는 것이 더 정확할 것이다.

그리고 '가슴'이라고 말할 때, 나는 꽃이 몸의 특정한 곳에 피었다고 말하는 것이 아니다. 이 가슴, 즉 내 가슴의 이 가슴은 몸의 안에도 몸의 바깥에도 없었다. 나는 일어난 일을 더 정확하게 묘사할 수가 없다. 내가 말할 수 있는 것이라고는 오로지 마하리쉬의 면전에서 그리고 그의 응시 아래에서 가슴이 열리고 꽃이 피었다는 것뿐이다. 그것은 놀랄 만한 경험, 내가 이전에 결코 겪지 못했던 경험이었다. 나는 어떠한 종류든 경험을 찾으려고 온 것이 아니었기 때문에 그 일이 일어났을 때 깜짝 놀라지 않을 수 없었다.

좋은 경험을 했지만 하리완쉬는 신의 형상을 얕보는 것 같은 슈리 라마나의 가르침은 그를 위한 것이 아니라고 판단했다. 그는 아루나짤라의 다른 쪽, 즉 슈리 라마나가 그의 성인시절 내내 머물렀던 성스러운 산으로 가서 크리슈나 명상을 계속했다. 크리슈나는 여러 번 그에게 나타났다.

쩬나이로 돌아오기 전에 그는 라마나스라맘에 들러 슈리 라마나를 한 번 더 보았다. 하리완쉬는 슈리 라마나에게 크리슈나의 형상이 나타나고 있었다고 말했지만, 슈리 라마나는 다시 또 그 형상의 중요성을 경시하는 것 같았다.

형상이 왔다가 간 것을 확인한 후에, 슈리 라마나는 "나타나고 사라지는 신이 무슨 소용이란 말입니까? 그분이 진정 신이라면 당신과 항상 있어야 합니다."라고 말했다.

하리완쉬는 쩬나이로 돌아와 새 일을 시작했다. 크리슈나의 이름을 호흡에 맞추어 암송하는 일에 더 한층 집중한 결과, 마침내 그는 크리슈나 만뜨라를 매일 5만 번 반복하는 단계에 이르게 되었다. 그러자 다소 놀랍게도 람, 시따 및 락슈만과 같은 신들이 쩬나이의 그의 집에서 그의 앞에 나타나 대부분의 밤을 그와 함께 머물러 있었다. 그들이 떠난 뒤 그는 자신이 더 이상 암송을 할 수 없다는 것을 발견했다. 그의 마음은 그 신성한 이름을 반복하는 데 열중하기를 거부했다. 그의 수행에서 나타난 이 새로운 현상에 당황해하면서 그는 라마나스라맘으로 돌아가 자신의 곤란한 상황을 슈리 라마나에게 설명하기로 마음먹었다.

그가 일어났던 일에 대해 대충 이야기하자, 슈리 라마나는 그의 수행은 그를 목적지까지 데려다 준 기차와 같았다는 말로 응답했다. 하리완쉬는 『Nothing Ever happened』에서 그 만남에 대해 다음과 같이 기술하고 있다.

슈리 라마나는 "(쩬나이에서 띠루반나말라이로 가는) 기차가 당신을 목적지로 데려왔습니다. 당신은 기차에서 내렸습니다. 더 이상 기차가 필요 없었기 때문입니다. 기차는 이미 당신이 도착하고 싶은 곳으로 당신을 데려다 주었기 때문입니다……

이것이 당신이 암송할 때 일어난 일입니다. 당신의 자빠(신의 이름의 암송), 독서, 명상은 당신을 영적 목적지까지 데려다 주었습니다. 당신은 그것들이 더 이상 필요하지 않습니다. 당신 스스로는 수행을 포기하지 않았습니다. 그것들은 목적을 달성했기 때문에 자발적으로 당신을 떠났습니다. 당신은 목적지에 도착했습니다."

그러고 나서 그는 나를 빤히 쳐다보았다. 나는 온몸과 지성이 순수의 파도에 의해 씻기고 있는 것을 느낄 수 있었다. 나의 온몸과 지성이 그의 조용한 응시로 정화되고 있었다. 나는 그가 내 마음을 빤히 들여다보고 있는 것을 느낄 수 있었다. 마술을 거는 것 같은 그 눈길 아래에서 내 몸의 모든 원자가 정화되고 있는 것을 느꼈다. 나에게 새로운 몸이 창조되고 있는 것 같았다. 변형의 과정이 계속되었다. 낡은 몸은 원자 하나하나씩 죽어가고 새로운 몸이 그 자리에 만들어지고 있었다. 그때 갑자기 나는 이해했다. 옛날에 나에게 말을 걸었던 이 남자가 사실은 이미 나 자신인 존재, 언제나 나 자신이었던 존재라는 것을……. 내가 참나Self를 알게 되었을 때 갑작스런 '인식recognition'의 충격이 있었다. 나는 '인식'이라는 단어를 일부러 사용하고 있는데, 그 이유는 그 경험이 나에게 드러나는 순간 나는 이것이 틀림없이 여섯 살의 어린아이로서 라호르에서 망고 음료를 받아들이지 않았을 때 내가 몰입해 있던 평화와 행복과 똑같은 상태라는 것을 알았기 때문이다. 마하리쉬의 침묵의 응시는 나를 그 최초의 상태로 다시 돌아가게 했다. 외적 신을 찾고자 하는 욕구는 마하리쉬가 나에게 드러낸 참나의 직접적 지식과 경험 속에서 사라졌다…… 나는 나의 영적인 탐구가 끝났다는 것을 알았다……

하리완쉬는 쩬나이로 돌아가 군납업자로서 계속 일했다. 그러나 시간이 날 때마다 라마나스라맘으로 돌아왔다. 일 년 정도도 안 되는 시간에 그는 슈리 라마나의 형상과 완전히 사랑에 빠져 한시라도 그와 떨어져 있기 어렵다는 것을 깨달았다.

1947년 중반, 파키스탄과 인도의 신생 국가들 간의 국경이 분리된 후 그 국경 양쪽의 힌두인들과 이슬람교도들이 대이동을 시작했다. 다시 말해, 파키스탄의 힌두인들은 인도로, 인도의 이슬람교도들은 파키스탄으로 이주하기 시작했다. 긴장이 고조되고 그 뒤 일어난 언쟁에서 많은 사람들이 살해되었다. 당시 라마나스라맘에 머물고 있던 하리완쉬는 이 모든 일에 대해 잘 몰랐다. 그는 더 이상 신문을 읽거나 뉴스와 계속 접촉하지 않았기 때문이다. 그러나 하리완쉬의 가족이 파키스탄 쪽의 국경 지역에 살고 있다는 것을 알고 있던 슈리 라마나의 헌신자 중 한 사람이 그 상황을 슈리 라마나에게 알려 주었다. 슈리 라마나는 하리완쉬에게 고향 리얄뿌르로 돌아가 그의 가족들을 모두 안전한 인도로 데려오라고 충고했다.

하리완쉬는 자신은 더 이상 가족과 어떤 관계도 없고 그들에 대한 어떤 책임도 없다고 느끼면서 가는 것을 거절했다. 그러나 슈리 라마나는 아직 가족을 돌볼 의무가 있다고 그를 설득했다. 마지못해 하리완쉬는 라마나스라맘을 떠나 35명이나 되는 그의 대가족을, 파키스탄을 떠나는 마지막 기차를 타고 인도로 데리고 왔다. 이 기차가 그 국경을 넘어가자마자 두 나라를 연결하는 철로는 철거되었다.

무일푼의 피난민과 다름없던 뿐자 가족은 그 뒤 지금은 우따르 쁘라데쉬 주에 있는 럭나우에 정착했다. 하리완쉬는 그들과 함께 거기 머물면서 일해야 했다. 왜냐하면 그 가족은 스스로를 부양할 재원이 거의 없었기 때문이다. 하리완쉬를 따라 인도로 온 가족 구성원의 대부분은 직업을 가질 수 없는 여자들이었다. 이 가족들을 돌보느라 하리완쉬는 슈리 라마나를 다시 만나 보지도 못했다.

1950년대 초 슈리 라마나가 세상을 떠나자 하리완쉬는 사두로서 그곳에 살 생각을 하고 띠루반나말라이로 돌아왔지만 운명은 그를 위해 다른 계획을 준비해 놓고 있었다. 슈리 라마나스라맘 부근에서 잠시 머문 뒤 그는 방갈로르로 여행을 갔는데, 그곳에서 한 광산회사의 감독관직을 제안 받았다. 그는 그 직위를 받아들였다. 주된 이유는 그의 가족을 부양할 수입이 필요했기 때문이다. 그래서 그 다음 15년 동안,

즉 1966년 은퇴할 때까지 그는 까르나따까와 고아에 있는 많은 광산에서 일했다.

직장을 그만두자마자 그는, 히말라야산 구릉지대의 강가(갠지스 강) 강둑에 있는 하리드와르를 제일 마음에 들어 하는 것 같았지만, 인도 전역을 여행하기 시작했다. 그는 자신을 스승이라고 말한 적이 없지만 그가 가는 곳마다 항상 소수의 헌신자들이 그에게 이끌렸다. 그가 리쉬께쉬와 하리드와르의 강가 강둑을 따라 줄지어 있는 여러 센터들에 모인 영적 구도자들 사이에서 더 많은 시간을 보내기 시작하자 헌신자들의 수효는 서서히 증가했다.

1970년과 1990년 사이에 그는 인도와 해외를 널리 여행했는데, 그의 여행 대부분은 그를 보고 싶어 했던 헌신자들의 간청 때문이었다. 그는 센터나 아쉬람을 세우려는 모든 시도에 반대했다. 대신에 그들 자신의 공동체에 있는 작은 집단과 만나는 것을 더 좋아했다. 신체적인 문제로 그가 혼자 여행하지 못하게 되었을 때인 1980년 후반, 그는 럭나우에 정착했다. 처음에는 도시 중심에 있는 그의 가족의 집에서, 그 뒤 1991년부터는 인디라 나가르 교외의 한 집에서 지냈다. 그가 매일 삿상을 하고 가끔 강가를 잠깐 방문하는 여행을 하면서 말년을 보냈던 곳이 바로 거기였다. 그는 1997년 9월에 세상을 떠났다.

이 서문에서 나는 그를 '하리완쉬'라고 했는데, 그 이유는 그 이름이 그에게 주어진 최초의 이름이기 때문이다. 그러나 그는 일생 동안 많은 이름을 가지고 있었다. 가령 어머니는 그를 집에서 '람'이라고 불렀고, 1970년대 한때는 히말라야 구릉지대에서 전갈에 물린 상처를 치료하는 그의 능력 때문에 '전갈 바바'로 알려져 있었다. 1990년 무렵에는 '존경받는 아버지'라는 뜻의 '빠빠지'라는 칭호를 얻었는데, 이 경어는 그의 말년 몇 년 동안 그를 만나러 오는 거의 모든 사람들이 사용했다.

빠빠지는 그가 어떤 '가르침'을 가지고 있다는 것을 항상 부인했다. 그러나 그가 정말로 가지고 있는 것은 그를 찾아오는 사람들에게 참나를 직접 언뜻 보게 할 수 있는 놀라운 능력이었다. 이 책의 여러 페이지에서, 단지 알아봐 주고 인정받기만을 기다리면서 자신의 내부에 항상 있다고 빠빠지가 말하는 그 참나에 대한 원래의 경험을 깨닫도록 하기 위하여 그를 찾아오는 방문객들에게 그들의 내부를 들여다봐야 한다고 거듭 부추기고 강하게 권유하는 그를 볼 수 있다. 그의 방법은 어떤 위대한 영적인 경험을 얻기 위하여 장기적인 목표를 세워 사람들을 멀리 보내어 명상하고 수행하게 하는 것이 아니었다. 그보다는 그를 만나러 오는 사람들에게 마음과 개인적 정체감이 일어나는 바로 그 자리에서 참나 깨달음을 찾으면 지금 여기서 그것이 가능하다는 것을 보여 주는 것이었다.

이 책을 구성하고 있는 대화는 빠빠지가 1991년 자신의 인디라 나가르 집에서 방문객들과 함께 나눈 대화를 옮긴 것이다. 그 당시 약 10명에서 15명의 사람들이 매일 그를 만나러 왔다. 원본 오디오 테이프에는 날짜가 없지만 나는 당시 참석했던 몇 사람들과 이야기해서 삿상이 그해 7월과 8월에 있었다는 사실을 확인했다. 테이프 상의 일부 목소리들은 나에게 익숙한 목소리였지만 나는 책에서 그들의 신원을 밝히지 않기로 결정했다.

빠빠지는 주로 서양인들과 대화했기 때문에 힌두경전과 철학의 기술적 용어는 그다지 많이 사용하지 않았다. 그러나 몇 가지 용어들은 실제로 이따금 나타나는데, 그 용어들이 괄호를 쳐서 설명하는 방법으로 번역 처리되지 않을 경우, 그 용어들의 의미는 이 책의 끝에 있는 용어해설에서 찾아볼 수 있다.

빠빠지는 항상 깨달은 자의 말에는 어떤 힘, 즉 그 말을 듣고 있는 사람들에게 직접적인 경험을 용이하게 해주는 어떤 힘이 있다고 말했다. 나는 이 힘이, 빠빠지를 직접 만나지는 못했지만 비디오나 책을 통하여 그를 우연히 만난 사람들에게도 여전히 전달될 수 있다고 믿고 있다. 나는 한때 빠빠지에게, 참나 경험의 준비가 되어 있는 사람과 되어 있지 않은 사람을 의미하는 '성숙한' 헌신자와 '미숙한' 헌신자가 있다는 사실을 인정하는지 물었다. 그는 오직 두 부류의 사람들, 즉 그의 말을 적절히 들을 수 있는 자와 그렇지 못한 자만을 인정한다는 말로 대답했다. 만약 당신이 완전히 침묵하고 수용하는 마음으로 그의 말에 적절히 귀를 기울이고 그의 '가르침'이 당신에게 가리키고 있는 방향으로 들여다본다면, 그런 말을 만들어 내는 참나의 힘이 당신에게 스스로 모습을 드러내 보일 것이다.

2007년 띠루반나말라이에서
데이비드 가드먼

감사의 말

모든 테이프 내용을 녹취하고, 편집하고, 인쇄 작업을 감독해 준 아루나에게 감사드린다. 또한 자금을 대 주고 필사를 가능하도록 전반적인 지원을 해주며, 오랫동안 지연된 이 작업이 마침내 결실을 맺을 때까지 묵묵히 참아 준 아바두따 재단에 감사드린다. 원고를 읽고 잘못된 부분을 지적해 주며 유용한 제안을 아끼지 않았던 짠드라, 데브, 디비야, 기따, 릴라, 나디아, 놀라, 사라, 벤까따수브라마니안, 그리고 이름을 밝히기를 원하지 않았던 한두 분께도 감사드린다.

1

단 하나의 생각도 일으키지 마십시오

오늘 아침 저는 매우 일찍이, 3시 반경에 깨어났습니다. 그리고 남편에 대해 생각하고 있었습니다. 오늘은 우리의 결혼 3주년입니다. 저는 전에 당신께 남편의 사진을 보여 드리고, 그를 인도에 오도록 초대해야 할지를 물었습니다. 당신은 만일 그가 온다면 제가 더 편할 것이라고 말했습니다. 저는 오늘 아침 남편에게 전화를 해서 오라고 말할까 생각하고 있었습니다. 날씨가 좀 더 시원해서 밖으로 나갔고, 지평선 가까이 떨어지는 유성을 보았습니다. 최근에 이 이야기에 관하여 아주 많이 생각해 왔습니다.

당신은 어디로 가든지 당신에게 매우 소중한 무엇인가를 항상 들고 다닙니다. 저는 당신이 아무것도 들고 다닐 수 없는 장소에 관해 한 번 말하였습니다.

　그래요. 그 장소에는 들고 갈 필요가 없습니다.

　(웃으며) 그래요, 필요 없지요. 당신은 거기에 아무도 데리고 갈 수 없습니다. 그리고 거기에는 당신에게 가장 가깝고 가장 소중한 사람들도 포함됩니다. 이 장소가 바로 가장 친밀하고 가장 가깝고 가장 소중하며 가장 영원불변한 것입니다. 그러나 그것에 관하여 아는 이가 아무도 없습니다. 이 관계에 관하여 아는 이가 아무도 없습니다. 그것에 관하여 언급하고 있는 종교서적도 없습니다. 그것에 관해 이야기하는 현자들도 없습니다. 아무도 그것에 대해 이야기하지 않기 때문에, 그것을 찾는 것은 당신에게 달려 있습니다. 그들은 이미 알려진 것에 관해서만 말할 것입니다. 당신에게 알려진 모든 관계들에 대하여 그들은 말할 수 있습니다. 그러나 제가 이야기하고 있는 것은 다른 모든 관계들이 근거를 두고 있는 관계입니다. 모든 관계들이 근거를 두고 있는 이 관계는 다른 모든 관계들의 바탕이요, 근거요, 기초라 할지라도 아직 발견되지 않았습니다. 이것은 큰 수수께끼입니다. 그래서 오직 귀한 사람만이, 운이 좋은 사람만이 그것을 찾을 것입니다. 어떤 희귀한 보석 같은 사람, 어떤 꼬이누르 다이아몬드 같은 사람은 그것을 찾겠지만, 모든 사람이 찾을 수 있는 것은 아닙니다. 대부분의 사람들은 그

것에 관하여 생각조차 할 수가 없습니다.

모든 센터, 아쉬람, 공동 생활체, 수도원에는 양들로 가득 차 있습니다. 거기에는 매에매에 하는 양 울음소리만이 있습니다. 거기에는 지혜의 말들은 없습니다. 우리가 이야기하고 있는 이것에 관해 말하고 있는 사람조차 없습니다. 모든 다르마를 버리십시오. 그리고 당신의 참나로 돌아오십시오.

제 마음속에는 제가 누구인지를 생각하는 자각이 있습니다. 대부분의 시간 동안 저의 주의는 거기에 집중됩니다. 하지만 때때로 이 자각은 이 사람으로부터, 단지 자각에 불과한 다른 어떤 것으로 이동하는 것처럼 보입니다. 저는 이러한 일이 일어날 때 상실감을 느낍니다. 제 평생 동안 알고 지냈던 어떤 사람을 떠나는 것 같습니다. 행복한 기분이 아닙니다. 이따금 아주 슬픕니다. 때로는 심지어 제가 죽는 기분입니다.

우선 먼저, 자각의 중심은 어떤 곳으로 움직이는 것이 아닙니다. 자각의 중심은 결코 움직이지 않습니다. 당신이 이야기하고 있는 진정한 중심은 사회에 의하여 수용된 중심입니다. 그것은 '나'라는 자아 중심이며, 이 중심에서부터 자아의 관념, 즉 당신이 육체 등등이라는 개념이 나옵니다. 당신이 이 거짓된 중심에서 진정한 중심, 즉 자각으로 나아가면, 모든 것이 떨어져 나갑니다. 모든 것이 부서지고 붕괴합니다.

그것이 당신이 두려움을 경험하는 이유입니다.

'나'라는 성은 해변 위에 모래로 지어져 있습니다. 그 성은 견고한 바위로 된 기초를 가지고 있지 않습니다. 그것은 밀려오는 조수로 언제든 붕괴할 수 있고 씻겨 나갈 수 있습니다. 이것은 자아로 지어진 성이며, 해변에 지어진 튼튼하지 않은 가건물입니다. 진정한 자각의 중심을 아는 사람은 아무도 없습니다. 왜냐하면 그것을 아는 이가 누가 있습니까? '누구'라는 사람은 바닷가에 지어진 모래성의 일부분일 뿐입니다. 아무 기록이 없습니다. 기록을 하는 사람이 없기 때문에 참된 자각이 어떤 것인지에 대한 기록이 없는 것입니다. 두려움을 포함하여 모든 것은 거기서 용해됩니다. 진정한 자각의 중심에서 두려움을 가지는 것은 불가능합니다. 두려움이란 곧 다가올 용해에 대하여 반응하는 자아인 '나'의 경험입니다. 두려움은 진정한 자각의 경험이 아닙니다. 자각 속에서는 신체 개념이 사라지고, 감각들이 사라지고, 마음이 사라지고, 지성이 사라지고, 자아도 사라집니다. 모든 것이 붕괴되고, 당신은 최종적으로 자유로워집니다.

저의 문제는 제가 그 둘 사이의 어딘가에 갇혀 있는 것이라는 생각이 듭니다. 저는 이러한 두려움의 감정들에 반응을 하는 개인적인 '나'를 버리려고 하는 어떤 공간에 있다는 느낌입니다. 그러나 저는 '나'와 두려움이 완전히 없어지는 자각 안에는 자리 잡지 못했습니다. 어떤 종류의 현존에 대한 느낌이 강렬합니다. 예전에 거기 있던 무엇인가를 씻어 가기 위하여 조류가 밀려들어 오고 있습니다. 그러나 그 조류는 그 일을 마무리할 만큼 충분히 강하지 않습니다. 진정한 현존은 저에게 안전감을 줄 정도로 분명히 감지되고 있지 않습니다.

당신은 집에 있지 않다는 것을 알 때의 느낌, 즉 불안에 대하여 이야기하고 있습니다. 당신은 아직 집에 도착하지 않았다고 느끼기 때문에 안전에 대한 욕구를 느낍니다. 당신은 항상 집에 있습니다. 집이 아닌 다른 어떤 곳에도 있지 않습니다. 바로 지금 당신은 진정한 자각의 중심에 있습니다. 바로 지금 당신은 모든 주제로부터 벗어나 있습니다. 어디로도 갈 필요가 없습니다. 다른 곳에서 돌아올 필요도 없습니다. 어떤 것이 될 필요도 없습니다. 당신은 이미 그것입니다. 지금 있는 곳에서 출발하여 지금 있는 곳에 머무르십시오. 이곳에서 움직이지 마십시오. 단 하나의 생각도 일으키지 마십시오. 어떤 생각도 일어나게 하지 마십시오. 즉 그냥 이 근원을 바라보십시오. 그냥 깨어 있으십시오. 방심하지 마십시오. 주의를 기울이십시오. 의식하고 있으십시오.

2

어떤 가르침도 지금까지
진리를 접촉하지 못했습니다

스승님께서 자기 탐구의 수행에 관하여 이야기하실 때, 저는 며칠 전에 스승님께서 말씀하신 것에 관하여 생각하고 있었습니다. 어떻게 자신이 지금 어디에 있는지를 알고, 그 다음 목적지를 확인하고, 마지막으로 그곳에 도달하기 위하여 어느 길과 어떤 방식의 운송수단을 이용해야 하는지를 결정합니까? 제가 저 자신을 바라볼 때, 어떤 거리도 개입되어 있지 않은 것 같습니다. 그 말은 제가 여행의 방식에 대하여 모른다는 뜻입니다. 거리가 연관되어 있지 않을 때 여행 계획을 짜는 것은 어렵습니다.

이 세상에 있는 모든 이는 그가 특정한 지역에 있기를 결정하였습니다. 그 지역은 고정된 지점입니다. 그 다음 종교가 나타나서, 당신이 죽을 때 도착할 또 다른 고정된 장소가 있다는 것을 선포합니다. 이제 당신은 두 개의 지점을 가지고 있습니다. 당신이 현재 있는 지점과, 당신이 여행하여야 할 지점입니다. 약간의 거리가 포함되어 있습니다. 그 다음 종교가 여행의 규칙들을 세웁니다. 만일 당신이 현재 있는 곳으로부터 당신이 있어야 할 필요가 있다고 생각하는 곳으로 여행하고 싶다면, 종교는 당신이 해야 할 일과 하지 말아야 할 일을 말해 줍니다. 당신이 잘못된 길을 선택한다면, 다시 말해 여행하는 길이 틀렸다면, 당신은 결국 어딘가에서 불쾌한 종말을 고할 것이라고 종교는 말해 줄 것입니다. 종교는 당신에게 이렇게 약속합니다. "만일 당신이 이것을 행하면, 죽을 때에 하늘나라로 갈 것이다. 만일 그렇게 하지 않으면 지옥으로 갈 것이다."

당신은 이 상황을 바라보았고, 당신이 지금 바로 있는 곳과 있기를 필요로 하는 곳 사이에 거리가 없다는 것을 스스로 발견하였습니다. 당신은 탐구를 하였고 연관된 거리가 없다는 것을 발견하였습니다.

그리고 거리가 없기 때문에 운송수단 역시 요구되지 않습니다.

여행하는 데 어떤 운송수단도 필요 없습니다. 왜냐하면 장소도 없고, 당신과 분리된 원하는 목적지도 없다면 어떤 거리도 개입되어 있지 않기 때문입니다. 그래서 당신이 생각하고 염려할 거리도, 운송수단도, 장소도 전혀 없습니다. 이것을 알 면, 생각이 일어나 자유를 찾아 다른 어딘가로 가려고 하지 않을 것입니다. 당신은 가고 싶은 곳으로 데려다 줄 어떤 방법도 필요 없습니다. 그 생각 또한 종결되었습니다. 당신은 현재 있는 곳에 있습니다. 그래서 당신이 있을 필요가 있는 다른 어떤 곳도 없다는 것을 압니다. 다른 더 바람직한 장소를 생각하고 있지 않기 때문에, 이곳과 저곳의 대조 또한 마음에서 사라졌습니다. 이러한 것들은 상대적인 개념들입니다.

만일 당신이 럭나우에 살고 있다면, 당신은 그곳이 고향이라고 생각합니다. 그리고 다른 나라들에 있는 도시들은 낯선 장소라고 생각합니다. 다른 어떤 곳이 낯설다는 생각이 없으면, 모국이나 집의 개념도 사라집니다. 위치의 개념은 항상 한 장소와 다른 장소의 상대적인 관계입니다. 그러나 위치 또한 관념이나 개념에 불과합니다. 진실로 모든 것은 텅 비어 있습니다. 위치도 없고 목적지도 없습니다. 당신이 나아갈 곳이 전혀 없기 때문에 해야 할 것은 아무것도 없습니다. 이것은 매우 중요하고 당신은 이것을 이해해야 합니다. 탐구를 통하여 당신은 이 모든 것을 던져 버렸습니다. 모든 이러한 방해물들은 더 이상 거기에 없습니다. 이것들은 지난 3,500만년 동안 당신의 마음에 떠올라 당신을 괴롭혀 왔던 개념들입니다. 이제 그것들은 더 이상 여기에 없습니다. 여기서 무엇을 해야만 합니까? 당신은 이 상황을 어떻게 직면해야 합니까? 이것은 매우 중요합니다.

여기서, 이전에 사용해 왔던 한 마디의 말도 사용하지 마십시오. 당신 이전의 어리석은 사람들이 입 밖에 내었던 어떤 말도 입 밖에 내지 마십시오. 어리석은 사람들은 다져진 길을 사용하고 양처럼 끌려 다닙니다. 당신은 심지어 말도 전혀 사용할 필요가 없습니다. 심지어 자신의 참나에게 말도 걸지 않고 즐길 수 있습니다.

당신이 그 기쁨을 경험하는 수면 상태로 물러날 때……

저는 탐구를 꿈의 상태로 가져오는 데 어려움을 겪고 있습니다.

꿈의 상태라고요?

저는 꿈 상태에서는 탐구에 임하지 않고 있다는 것을 알았습니다. 제가 꿈을 꾸고 있을 때는 탐구가 거기에 없습니다.

이것은 꿈을 꾸고 있는 동안의 탐구입니다.

아닙니다, 저는 다른 꿈을 말합니다. 잠자는 동안에 발생하는 꿈을 말합니다.

당신은 심지어 지금도 잠자고 있습니다. 잠자는 동안에 꾸는 꿈과 깨어 있으면서 꾸는 꿈의 차이점은 무엇입니까? 당신이 이름과 형상을 볼 때마다, 이것은 꿈입니다. 수면 중에, 당신은 어떤 이름과 형상을 봅니까? 당신이 잠들어 있는 동안에 수면의 개념이 떠오릅니까?

수면 중에는 이름도 형상도 개념도 없습니다. 이 수면 상태에서 꿈의 상태가 발생할 것입니다. 꿈은 오직 당신이 잠들어 있을 때만 발생할 수 있습니다. 그래서 우리가 이름들과 형상들을 볼 때, 밑에 깔려 있는 근본적인 상태는 무엇입니까?

근본적인 상태라고요?

우리는 오직 잠자는 동안에만 꿈을 꿉니다. 꿈에서 우리는 산, 강 등과 같은 이름들과 형상들을 봅니다. 우리가 이름들과 형상들을 볼 때, 우리는 어느 상태에 있습니까?

꿈의 상태입니다.

그렇습니다. 꿈의 상태입니다. 꿈의 상태를 가지기 위하여 우리는 그 이전에 잠이 들었음에 틀림없습니다. 이것이 사실이지 않습니까? 우리는 이름들도 형상들도 없는 수면상태로부터 출발합니다. 그 다음

이름들과 형상들이 있는 것처럼 보이는 꿈의 상태가 나타납니다. 꿈의 상태가 끝나고, 수면이 다시 이어받습니다. 그리고 우리는 이름들과 형상들이 없는 상태로 다시 돌아옵니다.

이제, 소위 이 깨어 있는 상태에서 당신은 이름들과 형상들을 보고 있습니다. 그것들은 꿈에서 이름들과 형상들이 당신을 괴롭히는 것과 꼭 같은 방법으로 당신을 괴롭힙니다. 그것들을 피하기 위하여, 그것들로부터 휴식을 취하기 위하여, 우리는 밤에 다시 잠자리, 즉 이름들과 형상들이 일어나지 않는 곳으로 갑니다. 당신은 18시간 이상 이러한 이름들과 형상들을 가지고 놀면서 너무 기진맥진한 나머지 누워 자지 않으면 안 됩니다. 궁극적으로, 우리는 이 이름들과 형상들의 상태를 거부하고 모든 것을 망각하는 상태로 갑니다.

깨어 있는 꿈에서 참나의 자각으로 깨어날 때, 당신은 이름들과 형상들이 없는 곳에 있는 자신을 발견합니다. 자기 자신이 모든 일시적인 이미지들과 이름들과 형상들이 나타났다가 사라지는, 움직이지 않는 바탕이라는 것을 이해합니다. 자기 자신이 모든 이름들과 형상들이 투사되는 스크린이라는 것을 이해합니다. 그곳에, 그 지식에 뿌리를 내릴 때, 이름들과 형상들은 더 이상 고통을 일으키지 않을 것입니다. 자신을 화면 위에 나타났다 사라져 버리는 덧없는 이미지들과 동일시하는 것이 아니라, 그 근본 바탕인 스크린과 동일시해야 합니다. 그 스크린은 당신 자신의 진정한 본성입니다. 그것은 장소가 없습니다. 그것은 당신과의 거리도 없습니다. 당신을 거기로 데려다 줄 운송 차량도 필요 없습니다. 알겠습니까?

만일 당신이 여행하고 싶은 장소를 정한다면, 가야 할 거리가 있습니다. 그리고 일단 거리가 있으면, 그 거리를 가로질러 가기 위하여 어떤 종류의 차량이 필요한지에 관하여 생각하기 시작해야 합니다. 이것은 저의 방법이 아닙니다. 이것은 저의 가르침이 아닙니다. 실제로, 저는 가르침을 전혀 갖고 있지 않습니다. 가르침도 없고 당신에게 무엇인가를 말해 주는 스승도 없습니다.

만일 누군가가 당신에게 어떤 것을 말해 준다면, 그것을 받아들이지 마십시오. 왜냐하면 이제껏 어떠한 가르침도 진리에 접촉하지 못했기 때문입니다. 이 정도로 저는 당신에게 말해 줄 것입니다. 어느 누구도 이제껏 진리를 말하지 않았습니다. 진리를 제시하기 위하여 만들어진 말도 없었습니다.

당신 자신을 일깨워야 합니다. 혼자 힘으로 보아야 합니다. 감각들은 필요하지 않습니다, 눈도 필요하지 않습니다. 눈은 진리를 볼 수 없습니다. 마음은 진리를 이해할 수 없습니다. 지성은 진리를 파악할 수 없습니다. 이러한 것들 중 당신과 동행할 것은 아무것도 없습니다. 당신은 그러한 것들이 없이 혼자 있어야만 합니다. 홀로 나아가야 합니다. 다섯 개의 원소들 중 당신과 동행할 것은 아무것도 없습니다. 당신은 이 상황을 직면하기 위하여 홀로 가야 합니다. 그러나 그것이 무엇인지를 아는 사람은 아무도 없습니다.

당신은 현상 세계 전체를 거부할 수 있습니다 왜냐하면 이것은 거부할 수 있는 어떤 것이기 때문입니다. 현상계의 처음과 중간과 그 미래의 끝을 포함한 현상계 전체를 마음에서 제거할 수 있습니다. 그것 모두를 지워 버리십시오. 그 다음, 내세에, 즉 사후에 당신에게 일어날 수 있는 어떤 일이 있다면, 그것 또한 거부하십시오. 이것 역시 가능합니다. 왜냐하면 이러한 것들은 마음에 의해 파악될 수 있기 때문입니다. 마음은 현상계를 파악할 수 있고, 마음은 또한 당신이 내세에 관해 가지고 있을지도 모를 어떤 사상을 파악할 수 있습니다. 이 두 가지를 만든 창조자도 또한 상상될 수 있고 파악될 수 있습니다. 그 창조자 또한 거부하십시오. 이제 당신은 그 창조자를 거부했습니다. 그 창조자의 모든 현상계를 거부했습니다. 그리고 사후에 존재할지도 모르는 상태에 관한 모든 관념을 거부했습니다. 이제, 거부할 것으로 남은 것이 무엇입니까? 거부 그 자체입니다. 이러한 모든 것을 거부했던 그것 또한 거부되어야 합니다. 거부 그 자체를 거부하십시오. 그 다음 무엇이 남게 될 것입니까? 거부라는 개념이 없을 것입니다.

다음의 말을 이해하십시오. 제가 '거부의 개념이 없다'고 말할 때, 저는 수용을 의미하지 않습니다. 저는 단지 거부될 수 있는 것에 관하여 이야기하고 있습니다. 거부될 수 있는 모든 것을 계속해서 거부하십시오. 모든 것을 거부한 뒤에는 거부 그 자체를 거부하십시오. 그 다음 상황을 직면하십시오.

옛날에 한 스승이 있었습니다. 저는 그 스승만큼 엄격하지 못합니다만, 그 스승은 제자들에게 "나는 말했다. 지금까지 그 이상 말한 사람은 아무도 없다. 당신이 지금 말한다면, 당신의 머리는 떨어질 것이다."라고 말했습니다.

저는 마지막 문장을 이해하지 못했습니다. 가장 중요한 부분을 못 들었습니다.

그 스승의 말은 "만일 당신이 말을 한다면, 당신의 머리를 베어 버릴 것이다!"는 의미입니다.

일부 스승들은 제자들에게 대단히 친절했으며, 큰 사랑으로 자식들에게 지식을 전해 주었습니다. 하지만 일부 스승은 매우 엄하고 강제적이었습니다.

일부 스승은 이렇게 말합니다. "당신이 밟고 가야 할 길은 칼날과 같다. 매우 조심해야 하고, 매우 주의를 기울여야 한다. 여기저기 둘러보지 말라. 두 사람이 나란히 걸어갈 수는 없다. 이 길은 좁고 칼날은 날카롭다, 그러나 맞은편에는 자유가 있다. 그것은 멀지 않다. 단지 걸어갈 때 방심하지만 말아라."

또 다른 일부 스승은 말할 것입니다. "그것은 장미 꽃잎을 문질러 떼는 것만큼 쉽다. 그것은 그렇게 많은 시간이 걸리지 않는다. 그것은 단지 장미 꽃잎을 떼어 내는 것과 같다."

까비르의 딸은 일곱 살이었는데, 그녀는 매일 많은 사람들이 아버지를 방문하러 오는 것을 보았습니다. 하루에 500여 명이 와서 그를 만나곤 하였습니다. 그녀의 이름은 까말리였습니다.

까말리는 아버지에게 가서 말하기를, "너무 많은 사람들이 아버지를 만나기 위하여 오고 있습니다. 그들은 아버지를 하루 종일 바쁘게 합니다. 그러나 저는 어떤 결과도 보지 못합니다. 깨달음을 얻은 것처럼 보이는 사람은 아무도 없습니다. 왜 아버지께서는 그 사람들에게 시간을 낭비합니까? 아버지는 제때에 식사조차 하시지 못합니다. 어머니는 저기 계시고, 음식은 준비되어 있습니다. 그러나 우리가 부를 때, 아버지는 단지 큰 소리로 '기다려! 기다려!'라고 대답합니다. 때때로 아버지는 온종일 식사를 할 수 없습니다. 하루 종일 삿상을 하고 있기 때문입니다. 이 사람들은 날마다 다시 오지만, 저는 그들 중 어느 누구도 이득을 얻고 있다고 볼 수 없습니다."

까비르가 대답했습니다. "아니다. 까말리, 너는 단지 어린아이일 뿐이다. 너는 이러한 일들을 이해할 수 없다. 이것이 삿상이다."

까말리는 아버지를 믿지 않았습니다. 그녀는 아버지를 보기 위해 오는 모든 사람들이 실제로 얼마나 진지한지를 시험해 보기로 결심했습니다. 그래서 다음 날 푸줏간에서 사용하는 칼을 날카롭게 갈면서 대문 바깥에 앉아 있었습니다.

사람들이 그녀에게 다가와서 무엇을 하고 있는지 물었을 때 그녀는 대답했습니다. "오늘 아버지께서는 자유를 주려 하고 있습니다. 구루 뿌르니마입니다. 아버지께서는 찾아오는 모든 사람에게 자유를 주기로 결정하였습니다. 그러나 먼저 저에게 누가 준비되었고 누가 준비되지 않았는지 점검하고 알아봐 달라고 했습니다. 아버지는 누가 정말로 자유를 찾고 싶은지를 알고 싶어 하십니다. 그래서 만일 당신이 여기에 누워 이 작두 위에 머리를 얹는다면, 저는 당신의 머리를 잘라서 아버지께 보여 드릴 것입니다. 제가 그 머리를 받아서 아버지께 얼굴을 보여 드렸을 때, 만일 그때 당신이 여기에 자유를 구하러 왔다고 아버지께서 판단하신다면, 아버지께서는 당신에게 자유를 줄 것입니다."

첫 번째 여자가 말했습니다. "아니다, 오늘 우리는 삿상을 하러 여기에 오지 않았다. 우리집에는 시집 보낼 딸이 있다. 오늘 어떤 사람이 선을 보러 올 예정이다. 그래서 까비르의 축복을 얻으려고 왔다. 단지 문을 만지는 것만으로 축복은 충분할 것이다. 나는 문을 만지고 갈 것이다."

다음 번 남자는 말하기를, "나는 삿상을 하러 오지 않았다. 나는 오늘 법정 소송 사건이 한 건 있다. 그 사건이 잘되도록 까비르의 축복을 원할 뿐이다."라고 했습니다.

세 번째 사람은 결혼식을 올릴 아들이 있었습니다. 그리고 이런 일은 하루 종일 계속되었습니다. 모든 사람이 핑계를 대고 떠났습니다. 까비르는 결국 삿상 회당에 혼자 앉아 있는 신세가 되었습니다.

얼마 후 까비르는 아내를 불러서 말했습니다. "오늘은 아무도 오지 않는구려. 그리고 까말리도 보지 못했소. 무슨 일이 일어나고 있는지 가서 보세요. 까말리가 바깥에서 짓궂은 장난을 치고 있을지 모릅니다. 까말리를 불러들이세요. 아마도 그 애는 이 일에 관하여 뭔가를 알고 있을 것입니다." 까말리의 어머니는 길에서 여전히 칼을 날카롭게 갈고 있는 까말리를 찾았습니다. 그리고 그녀를 삿상 회당으로 데리고 들어왔습니다.

그녀는 즉시 까비르에게 말하기를, "아버지, 자유를 구하기 위해 여기에 오는 사람은 아무도 없다고 어제 말씀드렸습니다. 오늘 모든 사람을 시험하였고 제가 말한 것이 사실이라는 것을 알았습니다."

"너는 그들을 어떻게 시험하였니?" 까비르가 물었습니다.

"아버지께서 저에게 오늘 삿상을 하러 오는 모든 사람을 면담할 것을 요청하였다고 말했습니다. 아버지께서 오늘 모든 사람에게 자유를 줄 것이라고, 그러나 정말로 자유를 원하는 사람들에게만, 자유를 구하는 것 외에는 아무것도 구하는 것이 없는 사람들에게 자유를 줄 것이라고 말했습니다. 그들에게 눕기를 요청하였고, 자유를 구하러 온 모든 사람의 머리를 벨 것이라고 말했습니다. 저는 아버지에게 그 머리를 보여 드릴 것이라고 말했고, 만일 그들이 자유를 구하러 왔음을 아버지께서 인정하신다면, 아버지께서는 그들에게 자유를 줄 것이라고 했습니다. 저는 그들에게 칼이 얼마나 날카로운지를 보여 주었고, 제가 머리를 벨 때 아프지 않을 것이라고 말했습니다. 저는 단칼에 머리를 벨 수 있고, 그래서 그들은 어떤 것도 느낄 수 없을 것이라고 했습니다. 그 거래를 받아들이는 사람은 아무도 없었습니다. 그들은 자유를 구하러 온 것이 아니라, 몇 가지 다른 이유로 여기에 왔다고 모두 주장했습니다.

아버지께서는 매일 이런 모든 사람들에게 말씀하시느라 시간을 낭비하고 있습니다. 저에게 말씀하세요. 오빠에게 말씀하세요. 우리에게 말씀해 주시고 우리에게 삿상을 해주세요. 다른 사람들에게 시간을 낭비하지 마세요."

(짧은 침묵)

여기에 문들이 닫혀 있고, 당신은 그 안에 있습니다. 당신은 여기에 왔습니다. 이제 여기에 불이 일어날 것입니다. 오직 불만이 일어날 것입니다. 그리고 이 불은 지금까지 축적되어 온 모든 경향성들을 태워 없앨 것입니다. 즉 남아 있는 경향성들이 있다면 말입니다. 불, 지식의 불이 있을 것입니다. 그러면 모든 것이 매우 분명해질 것입니다.

3

모든 관계를 포기하십시오

'아이 엠I am'으로부터 생각들이 일어난다고 스승님께서는 말씀하셨습니다. 그것은 제가 존재하지 않을 때 모든 생각이 멈출 것이라는 것을 의미합니다. 완전한 생각 없음은 '제가 존재하지 않는I am not' 상태임에 틀림이 없습니다.

이것조차 사라져야 합니다. 이 생각조차도 없어져야 합니다.

마지막 장벽이, 마지막 장애물 또는 방해물이 황홀경이라고 스승님은 때때로 말씀하십니다. 맞습니까? 그러면 자유로워지기 위하여, 우리는 마지막 장벽인 황홀경을 놓아야 합니다. 맞습니까? 그러므로 장벽은 황홀경입니다. 그것은 저절로 떨어져 나갑니까? 아니면 자각 속에서 황홀경으로부터 자유로워지고자 갈망을 해야만 합니까?

무엇으로부터 자유로워진다고요?

황홀경, 희열입니다.

황홀경 속에서 당신은 길을 잃었습니다. 당신은 그것을 포기하거나 유지할 선택의 여지를 가지고 있지 않습니다. 어떤 사람이 완전히 술에 취해 있을 때, "나는 술에 취함을 포기하고 싶다."라는 갈망이 어떻게 일어날 수 있겠습니까? 그는 어떤 것도 자각하지 못합니다. 그는 단지 취하였습니다. 완전히 취하였습니다. 황홀경 속에서는 심지어 술에 취한 상태보다 훨씬 더 못한 자제력을 가집니다. 당신은 어떤 것도 알지 못합니다.

저는 몇 년 전에 바르셀로나에 있었습니다. 저는 요가협회 회원들에게 강연하고 있었는데, 회원이 아닌 사람이 참석하였고, 그래서 그가 누구인지 아는 사람은 아무도 없었습니다. 제가 삿상을 하고 있는데, 그는 저에게 다가와서 엎드려 절하고는 큰 소리로 "나는 신이다! 나는 신이다!"라고 외치고는 떠났습니다.

그날 밤 늦게 그는 80마일 떨어져 있는 곳에서 발견되었는데, 그는 고속도로 위에서 춤을 추면서 "나는 신이다! 나는 신이다!"라고 소리치고 있었습니다. 경찰이 그를 체포하였고, 그의 지갑 속에 있는 주소를 찾아내어 그의 부인에게 오라고 말하고 다른 두 사람을 불러 그를 데리고 가게 했습니다.

경찰은 그의 부인에게 말하기를, "그는 완전히 통제 불능입니다. 그는 스스로 운전하여 갈 수 없습니다. 그를 돌볼 수 있도록 두 사람을 데리고 오세요."라고 했습니다.

그의 부인은 새벽 두 시에 가서 그를 데리고 와야 했습니다.

스승님께서 그러한 종류의 황홀경에 관하여 이야기하고 있지 않다는 것을 저는 확신합니다. 스승님께서는 그런 종류의 황홀경을 의미하지 않습니다.

당신의 말이 옳습니다. 그것은 진정한 황홀경이 아닙니다. 그것은 단지 만남입니다. 저에게, 진정한 황홀경은 평화스러운 안정, 되돌아감이 없는 평화로운 안정과 같은 것입니다. 그것이 황홀경입니다. 하지만 일반적으로 저는 그 말을 사용하지 않습니다. 황홀경이란 단어를 사용하지 않습니다.

그 자체가 어떤 것과 연관되어 있지 않다거나 혹은 어떤 것과 관련이 되어 있다는 것을 아는 자각의 기쁨을 저 자신 안에서 발견합니다.

어떤 것과 관련이 없는 상태에 있다는 것은 여전히 관계입니다. 당신이 관련되어 있지 않다고 주장하는 그러한 것들과의 관계를 아직 유지하고 있습니다. 당신은 아직 관계들을 유지하고 있는 중입니다. 당신은 관계들이 없다거나 또는 심지어 이전의 관계들조차 없다고 말할 때, 여전히 자신을 어떤 것과의 관계 속에 두고 있는 말을 사용하고 있습니다.

어떤 남자가 부인과 이혼을 하고, "그녀는 나의 전처이다."고 말합니다. 그들은 그렇게 말하지 않습니까? "그는 나의 전 남편이다." 또는 "그녀는 나의 전처이다." 이것이 당신이 말하고 있는 것입니다. "나는 예전에 어떤 것들과 관계가 있었다. 그러나 이제는 관계가 없다." 이것은 여전히 관계입니다.

제가 이것을 이해했는지 확실치 않습니다. 스승님께서 말씀하신 것을 명확하게 해주실 수 있습니까?

(대답하기 전에 긴 침묵) 모든 관계를 포기하십시오. 당신이 알고, 보고, 냄새 맡고, 느끼거나 듣는 사물들에 대한 모든 자각을 포기하십시오. 당신은 이러한 자각이나, 이러한 관계들을 유지했을 때의 결과를 보아 왔습니다. 당신이 말하는 모든 것은 이러한 사물들 안에 내포되어 있습니다. 이것들이 당신의 관계들입니다. 아무도 모르는 관계로,

즉 설명되거나 감지되거나 보이거나 혹은 어떠한 마음의 능력으로도 처리될 수 없는 그런 관계로 나아갑시다.

그것은 그 자체를 받아들이는, 주는 기쁨처럼 느껴집니다. 그것 자신에 의하여 받아들여지는 것은 자기 자신을 주는 기쁨과 같습니다. 그것은 어떤 것과 연관되지 않는 자각입니다.

주는 것이 무엇입니까? 우리가 방금 이야기한 것들의 범위에 들어가지 않는 것들에게 주고 있는 것이 무엇입니까? 그것은 보이지 않고, 냄새도 없고, 만져지지 않고, 느껴지지 않고, 들리지 않습니다. 당신은 그것에게 무엇을 주려고 합니까? 아무것도 없습니다. 줄 것이 아무것도 없습니다. 그리고 만일 아무것도 줄 것이 없다면, 당신은 무엇을 받아야 합니까?

(새로운 질문자) 저는 이 대화로부터 어떤 것이 나오기를 기대하는 것 같습니다. 그러나 모든 것이 이미 너무도 많은 다른 방법들로 말해진 것 같습니다. 그러나 대화는 여전히 계속되고 있습니다.

아닙니다, 대화는 이미 끝났습니다. 여러 번이나 대화는 끝났습니다. 당신은 이것을 설명할 수 있는 단어를 하나라도 발견했습니까? 저는 이것에 관하여 계속 일을 해오고 있습니다. 그러나 이제껏 성공하지 못했습니다. 저의 80생애에 저는 두세 사람과 더불어 노력하였습니다. 당신이 여기서 3일이 지나 도달한 이 상황에 그들은 도달하였습니다. 저는 당신과 더불어 있어 매우 기쁩니다. 이것이 그곳입니다. 지금이 서술할 시간입니다. 한마디 말을 해보세요. 모든 것을 망각하고 이 상황에 도달한 후에, 저는 당신에게 이 질문을 합니다.

누가 이 상황을 만나고 있고, 누가 이 순간까지 일어났던 모든 것을 잊고 있는지를 아십시오. 모든 것을 망각하는 것. 3,500만 년의 짐이 이 보이지 않는 어떤 것 앞에서 불타서 완전히 파괴되었습니다. 저는 그것에 대한 어떤 설명을 듣고 싶습니다. 지금까지 저는 몇 사람과 함께 애를 썼으나 그들은 어떤 것도 말할 수 없었습니다. 그것은 어떤 경전에도 언급되어 있지 않았습니다. 어떤 사람도 지금까지 그것을 언급하지 않았습니다. 그것은 제가 여러 번 사용해 온 말들로도 표현되지 않았습니다. 제가 말하는 것은 진리에 대한 매우 피상적인 설명입니다. 저는 '깨달음', '해방', '해탈', '목샤' 등을 말하지만, 이것들 중 적합한 것은 아무것도 없습니다. 이러한 묘사들, 이러한 말들은 전혀 소용이 없습니다. 당신은 훌륭한 통찰력을 가지고 있습니다. 만일 당신이 무엇인가를 말하고 묘사할 수 있다면, 이보다 더 나은 어떤 말을 사용하십시오.

당신이 이미 들었던 그 말들에 만족할 수 있습니까? 만일 이러한 말들이 충분히 적합하다면, 사람들은 경전을 읽음으로써 깨달음을 얻었을 것입니다. 그러나 경전들은 이제까지 어떤 도움도 주지 않았습니다. 사람들은 설명할 수 없는 것이나 만질 수 없는 것, 혹은 찾을 수 없는 것과 정면으로 대면하면 말을 할 수가 없습니다. 당신은 지금 정면으로 마주하고 있습니다. 이것은 직접 보는 것입니다. 전에 보았던 그 밖의 모든 것은 간접적으로 보는 것이었습니다. 당신은 마음을 통하여, 신체적인 몸을 통하여, 지식을 통하여, 지성을 통하여 지금까지 보았으며, 그리고 이러한 매체들을 이용함으로써 간접적으로 사물들을 알아 왔습니다. 지금이 직접적인 통찰의 때입니다. 지금이 직접 볼 때입니다. 얼굴과 얼굴을, 눈과 눈을, 망막과 망막을 맞대어 정면으로 볼 때입니다.

저는 당신으로부터 이 묘사를 원합니다. 아무것도 중재되지 않고, 다른 어떤 것을 통하여 아무것도 여과되지 않는 그곳으로부터의 묘사를 원합니다. 저는 중간적인 지식에서 나오는 어떤 것을 원하지 않습니다. 당신은 어떠한 매개자도 필요 없습니다. 왜냐하면 거기에는 더 이상 아무도 없기 때문입니다. 당신은 마음을 이용할 수 없습니다. 왜냐하면 마음이 없기 때문입니다. 이제 묘사를 할 시간입니다. 그러나 저 자신을 포함하여 묘사를 하기 위하여 앞으로 나서는 이가 없습니다. 저 자신 또한 어떠한 말도 찾을 수 없습니다. 한마디도 찾을 수 없습니다. 당신은 젊은 사람입니다. 저에게 그 한 마디를 해줄 수 있습니까?

스승님께서는 한마디를 원합니까?

단지 그 상태에 있음으로써 당신은 그것을 아주 잘 묘사할 것입니다. 그러나 저는 한마디 듣고 싶습니다. 그 묘사에 만족하고 싶습니다. 저는 말로 표현할 수 있는 어떤 것을 원합니다. 말할 수 있는 어떤 것을 원합니다. 이제, 당신은 그것을 정면으로 보고 있습니다. 저는 그것에 만족합니다. 그러나 이제 당신은 말로 묘사될 수 있는 어떤 것을 말하든지, 아니면 말로 묘사될 수 없는 어떤 것을 말해야 합니다. 적절한 말이 하나도 없습니다. 그렇지 않습니까? 징후는 보고 말할 수 있지만, 원래의 원인은 그렇지 못합니다.

무엇 말입니까?

징후들 말입니다. 어떤 사람은 미소를 지을 수 있습니다. 그리고 저는 그 미소를 보고 그 사람이 이 앎과 정면으로 마주하고 있다는 것을 알 수 있습니다. 그 미소는 이해될 수 있습니다. 그러나 그 원인을 만질 수 있거나 닿을 수 있는 것은 아무것도 없습니다. 그 미소는 너무나 평온하여, 거기에는 잔물결 같은 것도 없습니다. 그것은 심지어 벌거숭이의 누드입니다. 이해하시겠습니까? 벌거숭이의 누드. 그것은 잔물결 없는 호수라고 할 수 있습니다. 그러나 거기에는 심지어 고요함

조차 없습니다. 그러한 것이 침묵의 상태입니다. 그것은 이와 같습니다. 누가 그것을 서술할 수 있겠습니까?

(긴 침묵)

4

'당신은 이미 이 상태, 이 장소에 있다'고
말하면 아무도 저의 말을 믿지 않습니다

(지난 장의 마지막 질문을 한 사람이 다음 날에도 말하고 있음) 제가 볼 때, 제가 그것에 대해 무슨 말을 하든 그것은 거짓말이 될 것입니다. 왜냐하면 그것은 텅 비어 있기 때문입니다.

(조용히 웃고 나서 잠시 침묵을 지키다가) 당신은 말할 것이 없군요. 그러면 저는 당신의 친구와 얘기하겠습니다. 당신은 말해야 합니다. 무슨 말을 할 것입니까?

말할 것이 하나도 없습니다.

그렇다면 저 역시 당신께 더 이상 말해 줄 것이 없습니다. 마음이 평온할 때, 왜 평온을 깨뜨립니까? 대부분의 사람들에게는 마음이 결코 고요해지지 않습니다. 만약 고요해진다 하더라도, 매우 드물게 일어날 뿐입니다. 저는 찾아오는 사람들에게 말을 하면서 계속 충고를 합니다만, 그들의 마음은 거의 고요해지지 않습니다. 그것은 매우 드물게 볼 수 있지요. 마음이 고요해지는 그런 드문 경우에, 마음은 말하고 싶어 하지 않습니다. 그것 또한 마음의 경향성들 가운데 하나입니다. 마음이 진정으로 고요하면, 말하기를 좋아하지 않습니다. 심지어는 어떤 말도 듣고 싶어 하지 않습니다. 그렇지만 그러한 것은 중요하지 않습니다. 침묵이야말로 당신이 얘기할 수 있는 놀라운 언어입니다. 사실 침묵 속에서 당신은 어떤 다른 언어를 통해서보다 더 잘 말할 수 있습니다. 그것은 당신이 말을 통해서가 아니라 침묵을 통해 알고자 하는 어떤 것과 매우 가까이 있습니다

어제 저는 당신이 이러한 것을 묘사할 수 있다면 얼마나 아름다울까 하고 말했습니다. 저는 그것에 대해 듣고 싶습니다. 형언할 수 없는 것이 어떻게 묘사될 수 있는지 혹은 말의 형태로 나타날 수 있는지를 듣고 싶습니다. 이 일은 아직 끝나지 않았습니다. 모든 다른 일은 이미 끝났지만, 이 일은 아직도 달성되지 못한 채 있습니다. 그것은 여전히 말로 표현되지 않고 있습니다. 말로 표현되면 얼마나 좋겠습니까만, 아직까지 그런 일은 일어나지 않았습니다.

저는 모든 현자들의 말씀들을 들어 보았지만, 그 어떤 말에도 동의하지 않습니다. 그것이 바로 제가 더 나은 말을 찾는 이유입니다. 당신의 경우, 그것은 지금 바로 매우 참신합니다. 너무 늦지 않습니다. 이런 참신한 경험으로, 그것에 대하여 무엇인가를 말해 보세요. 너무 늦지 않았으니까요. 당신이 거기에 있으므로 그것을 묘사할 수 있을 겁니다. 그것은 과거도 미래도 아니므로 당신은 지금 이 자리에서 묘사할 수 있을 겁니다. 당신은 그것이 아주 텅 비었다고 말하였습니다. 그 말은 이미 사용된 말입니다. 그러나 당신이 본 것은 텅 비어 있지 않으므로 그것은 좋은 말이 아닙니다. 그것은 적절한 말이 아닙니다. 이 말이 당신이 생각해 낼 수 있는 가장 가까운 말이기 때문에 사전에서 빌려 온 것입니다. 당신은 이 단어를 도용했지만, 맞는 단어가 아닙니다. 이것은 그것이 아닙니다. 확실히 그것이 아닙니다. 당신은 어떤 다른 것을 봅니다. 그것은 무엇입니까?

　저는 당신에게 이 질문을 하고 있습니다. 저는 많은 사람들에게 이처럼 말하지 않습니다. 수년 전에 한 교수에게 물었습니다. 그리고 또 다른 사람에게 물어보았습니다. 당신이 세 번째입니다. 단 세 사람입니다. 보통 사람들에게는 이러한 질문을 던질 가치가 없습니다. 왜냐하면 그들은 제가 묘사해 보라고 요구하는 그러한 경험이 없기 때문입니다. 저는 장님에게 코끼리를 묘사해 달라고 하지 않을 것입니다. 그는 코끼리의 꼬리를 쥐어 보고 어처구니없는 묘사를 할 것입니다. 이처럼 코끼리를 묘사하는 것은 장님의 몫이 아닙니다. 그것은 두 눈을 크게 뜨고 있는 사람의 몫입니다. 오직 눈을 크게 뜨고 있는 자만이 이 것에 대해 말할 수 있습니다. 이것을 '자연스러운 상태'라고 합니다. 알 다시피 당신은 지금 이 순간 명상 중이지 않고 또한 명상을 떠나 있지 도 않습니다. 이것은 어떤 다른 차원입니다. 이것은 명상도 아니며, 어 떤 다른 일반적인 정신적인 상태도 아닌 그러한 상태입니다.

　　그것은 모든 곳에 존재합니다.

　(웃으면서) "이것은 모든 곳에 존재합니다." "이것은 모든 곳에 존재 합니다." 이것이 바로 사용해야 할 언어입니다. 당신이 또 하나의 말을 찾아냈습니다. 그러나 당신이 그것을 말하면, 그것은 새로운 종류의 언어입니다. 당신은 이것을 발견하기 위해 명상을 할 필요도 없었고, 은둔 생활을 할 필요도 없었습니다. 그것은 모든 곳에 존재합니다. 어 떤 사람, 어떤 승려가 최근에 저에게 "우리는 3년간의 은둔 생활에 들 어갔습니다."라고 편지를 보내 왔습니다. 당신은 그것이 모든 곳에 존 재하므로 이것을 발견하기 위해 명상하거나 은둔하지 않아도 됩니다. 그것은 당신을 떠나지 않으며, 당신 또한 어디에서도 그것을 떠날 수 없습니다. 이것이 바로 당신 자신의 상태, 당신의 자연스러운 상태입 니다. 이것이 바로 당신의 정체성입니다. 당신은 결코 그것을 이탈하

지 않습니다.

그것이 그렇게 '모든 곳에' 있기 때문에. 제가 말하는 모든 것은 부적절하며, 충분치 않으며……

그렇습니다. 충분치 않습니다.

그것은 텅 빈 들판과 같습니다. 모든 것은 그 안에서 일어나고 있지만, 저는 그것에 대해 아무것도 말할 수가 없습니다. 다시 말해, 말할 수는 있지만 그것은 단지 허공의 말일 뿐입니다. 그것은 단지……

(긴 침묵)

활동은 계속되고 있지만, 당신 자신은 활동이 없습니다. 당신은 이것을 압니까? 기초, 즉 토대는 활동이 없습니다. 당신은 지금까지 결코 활동한 적이 없습니다. 당신은 활동들에 의하여 영향을 받지 않습니다. 이것을 '텅 빔'이라고 합니다. 이것은 활동이 없는 상태입니다. 이러한 모든 활동이 일어나는 기초, 즉 토대는 활동이 없는 상태입니다. 이것은 놀라운 경험입니다.

이 경험을 이해할 수 있는 어떤 방법이라도 있을까요? 당신은 이미 그것을 경험했습니다. 그래서 어떤 대답을 하시겠습니까? 이러한 경험을 해볼 수 있는 어떤 방법이라도 있을 수 있겠습니까? 보통 사람이, 즉 모든 사람이 이러한 경험 속으로 들어갈 어떤 길이라도 있을까요?

그들은 모두 그 안에 들어와 있습니다. 그들은 이미 그 안에 들어와 있습니다.

(크게 웃은 후에) 대단히 훌륭합니다. 좋습니다. 당신이 방금 얘기한 말보다 더 좋은 말은 없었습니다. 그것이 바로 제가 말하고자 하는 바입니다. 그러나 아무도 저를 믿지 않습니다. 저를 불신하는 모든 이들은 자신들이 이런 상태를 획득하기 위해 무엇인가를 해야 한다고 말합니다. 그들은 모두가 그것에 도달하기 위해 또는 그 상태에 들어가기 위해 무엇인가를 해야 한다고 생각합니다. 제가 "당신은 이미 이 상태, 이 장소에 들어와 있다."고 말해 주면, 아무도 제 말을 믿지 않습니다. 저는 "당신은 이미 자유롭습니다. 당신은 어떤 것도 하지 않아도 됩니다."라고 말해 줍니다. 하지만 아무도 제 말을 믿지 않습니다.

네. 스승님께서 제게 그렇게 말씀하셨다면 저 역시 그 말을 믿지 않았을 것입니다.

(전보다 훨씬 더 크게 웃는다. 그러고 나서 말한다.) 그렇다면, 당신들 생각이 옳다는 것입니까?

(새로운 질문자) 그래서 스승님께서는 우리가 수행할 필요가 없다고 하시는 것입니까? 어떤 노력도 필요하지 않다고 하시는 것입니까? 또 어떤 장애물도 없고요? 그 때문에 웃으셨습니까?

이러한 장애물들은 모두 자기 스스로가 부과한 것입니다. 당신에게 굴레를 씌우는 어떤 외부적 힘이나 권위는 없습니다. 당신은 길 위에 난 거무스름한 젖은 선 하나를 보고서 그것을 뱀이라고 생각하고는 즉시 마음속에 공포감이 일어납니다. 이 뱀에 대한 두려움 때문에 당신은 더 이상 나아가고 싶지 않습니다. 암소 한 마리가 길을 지나가다가 길 위에 오줌을 누었고, 그래서 땅에 꿈틀거리는 선이 생긴 것입니다. 당신은 어스름한 저녁에 그것을 보고 앞에 뱀이 있다고 결론을 내리게 됩니다. 스스로 부과한 장애물인 공포가 일어나고, 당신은 더 이상 걸어가기가 두렵습니다. 누가 당신에게 이 모든 근심을 만들었습니까? 뱀도 전혀 없습니다. 그래서 뱀의 탓으로 돌릴 수도 없습니다. 당신의 두려움은 암소의 책임이 아닙니다. 소는 어디에서든 소변을 볼 수 있습니다. 소는 당신을 두려움에 빠지게 하기 위해 그 당시 그 자리에서 소변을 본 것이 아니었습니다. 여기에서 유일한 장애는 당신 앞에 위험한 것이 있다는 당신의 잘못된 믿음입니다.

마찬가지로, 일상생활에서 당신을 방해하는 것은 "나는 속박되어 있다." 혹은 "나는 죄인이며 내 죄로 인하여 나는 지옥으로 갈 것이다." 라는 개념입니다. 당신은 이러한 것들을 지금까지 들었거나, 아니면 책에서 읽고 믿어 버린 것입니다. 그러한 것들은 당신의 경험이 아닙니다. 즉 그러한 것들은 단지 당신이 믿는 것들입니다. 당신은 바로 자신의 상상 속에 있는 것들에 현실성을 부여합니다. 당신은 상상 속에 살면서 진짜가 아닌 관념들을 믿고, 그 결과 고통을 받고 있는 것입니다. 생각을 멈추십시오. 그것이 저의 치유책입니다. 생각을 하지 않는다면, 진짜가 아닌 것들을 상상하지 않게 됩니다. 그것이 당신이 해야 할 전부입니다. 생각하지 말고 현재 무엇이 남아 있는지를 보십시오.

그러나 분명히, 생각하지 않도록 우리가 노력하여야 하지 않습니까?

봅시다. 지금 당장 직접 시도해 보십시오. 생각하지 마십시오. 한 생각도 일으키지 말고 무엇이 일어나는지를 봅시다. 해보세요. 단 하나의 생각을 찾아보십시오. 당신의 첫 번째 생각은 무엇입니까?

제 말이 맞습니까? 생각하지 않는 것과 노력에 대하여······?

아닙니다. 우리는 지금 어떤 다른 것에 대해 얘기하는 중입니다. 모든 다른 생각들이 의존하는 첫 번째 생각은 무엇입니까?

모르겠습니다. 모르겠습니다.

그것은 바로 '나'라는 생각입니다. 어떤 사람이 살아 있으면, 그에겐 아내, 아들, 인척 등과 같은 친척들이 있습니다. 이 동일한 인물이 죽으면, 더 이상 그에겐 친척들이 없습니다. 당신이 살아 있는 동안에 이 모든 친척들은 이 '나'라는 생각과의 관계에서 존재합니다. "나에겐 아내가 있다. 나에겐 아들들이 있다. 나에겐 친척들이 있다." 그러한 '나'라는 생각이 있으면, 그 밖의 모든 것이 그것과 더불어 존재하게 됩니다. 즉, 이 세상과 그 속에서 당신이 맺고 있는 모든 관계들이 존재하게 됩니다. 저는 당신에게 이 '나'라는 생각이 무엇인지를 알아내기를 요구하고 있습니다. 그것이 어디서 태동되었는지 알아내십시오. 여기에 대한 답을 찾을 수 있다면, 당신은 안전할 것입니다. 생각이라는 문제와 그것이 생겨나게 한 가상의 문제들을 해결한 셈이 될 것입니다.

이 문제를 중점적으로 다루어 해결하지 않는다면 당신은 결국 세상의 다른 양들을 따라갈 것입니다. 당신 앞에 있는 양들을 쫓아갈 것입니다. 그리고 당신들 모두는 큰 막대를 가지고 당신들을 뒤따르는 양치기에 의해 떼 지어 이동할 것입니다. 모든 양 떼는 양치기에 의해 무리를 지어 이동합니다. 당신이 양으로 머물게 된다면, 당신에게 무엇을 해야 하고 어디로 가야 하는가를 말해 줄 양치기가 필요할 것입니다.

팀(빠빠지가 얘기하고 있는 사람)은 옛날에 양치기였습니다. (웃음)
(팀이 말하면서) 저는 25년간 장애를 겪었습니다. (웃음)

좋습니다. 그렇다면 그는 알고 있습니다. 그가 양을 돌보는 방법을 안다면, 양들에게는 양치기가 필요하다는 것을 알고 있습니다. 그들은 세로로 줄을 지어 걸어가지요. 그래서 특정한 방향으로 그들을 인도해 줄 누군가가 필요합니다. 그러나 당신은 양치기에 의해 무리지어 이동하는 사자 떼는 결코 본 적이 없습니다. 사자는 그 자신의 길을 만들어 나아갑니다. 사자는 어느 누구도 따라가지 않으며, 아무도 사자에게 가야 할 곳과 가지 말아야 할 곳을 알려 주지 않습니다. 자유를 찾기 위해서는 양처럼 되지 말아야 합니다. 다른 모든 사람들이 하는 것을 하거나 믿지 말아야 합니다.

(새로운 질문자) 그렇다면 이 자유는 실재입니다. 실재는 이 자유입니다.

그렇습니다.

그러나 우리들은 그것이 진짜가 아니라고 믿도록 최면에 걸려 있습니다. 그 말이 맞지 않습니까? 아마 스승의 역할은 우리가 다시 자유를 찾을 수 있도록 최면에서 깨어나게 하는 것일 겁니다. 우리 모두가 해야하는 것은 단지 여기에 앉아서 최면에서 깨어나는 겁니다. 맞습니까?

그렇습니다. 누군가가 당신이 당나귀라고 믿도록 최면을 걸었다면, 당신은 자신이 진정 누구인가를 알게 해주고 보여 주는 누군가가 필요하게 됩니다. 누군가가 당신 앞에서 거울을 가지고 "봐, 이것이 바로 지금 너야."라고 말한다면, 당신은 자신이 당나귀라는 강한 믿음을 포기할 수 있을 겁니다. 정말로의 당신은 결코 변하지 않습니다. 변하는 것은 당신이 자신이 무엇이라고 믿는 것입니다. 그리고 당신이 자신이 무엇이라고 믿는 것은, 당신이 사귀는 친구들과 그들이 당신에게 말하는 것들에 달려 있습니다. 당신이 당나귀라고 당신에게 계속해서 말해 주는 사람들과 교제하고 어떤 다른 정보의 원천이 없다면, 당신은 성장하면서 자신이 당나귀라고 믿게 될 것입니다.

모든 사람은 원래 똑같은 존재입니다. 모든 사람은 원래 자유롭습니다. 지금 자유롭지 않다면 미래에 자유는 어디서 오겠습니까? 당신이 이미 가지고 있지 않은 어떤 것을 성취하기 위하여 노력하는 것은 가치가 없습니다. 왜냐하면 당신이 지금 그것을 가지고 있지 않다면, 그것은 당신의 성취가 시간의 제약을 받을 것이라는 뜻이기 때문입니다. 시간이 지나서 성취하는 것은 조만간 시간이 흐르면 또 잃게 됩니다. 얼마의 시간이 흐른 뒤에 얻어지는 어떠한 성취도 자연스럽지 않으며, 지속적이지 않고, 영구적이지 않습니다. 그래서 저는 "지금 여기서 당신에게 없는 어떠한 것에 대해서도 열망하지 말라."고 말하는 것입니다.

"나는 속박되어 있다."라는 이러한 개념은 참된 것이 아닙니다. 이것은 당신의 참된 경험이 아닙니다. 즉, 그것은 당신이 성직자들이나 사회로부터 빌려 온 것입니다. 이러한 사람들 모두는 당신이 속박되어 있고, 또 자유를 얻기 위해서는 열심히 노력해야 한다고 당신에게 말해 왔습니다. 당신은 결코 수행할 필요가 없다고 저는 말합니다. 당신은 사람입니다. 그렇지요? 그런데 제가 당신에게 사람이 되기 위해서 수행을 해야 한다고 말해 준다면, 당신은 뭐라고 하시겠습니까? 당신은 그저 저를 비웃을 겁니다. 마찬가지로 당신은 이미 자유롭습니다. 당신은 자유로워지기 위해 어떤 영적인 수행들도 할 필요가 없는 것입니다.

우리에게 어떤 종류의 훈련은 필요하지 않습니까?

훈련이라고요? 당신은 이미 훈련을 받았습니다. (웃음) 당신은 여러 종들을 거쳐 윤회해 오면서 훈련을 아주 잘 받았습니다. 그 모든 종들 가운데 인간은 매우 훈련을 잘 받은 존재입니다. 인간은 매우 훈련된 동물입니다.

얼마나 많은 당나귀가 있습니까? 얼마나 많은 양들이 있습니까? 얼마나 많은 다른 종들이 있습니까? 우리 인간은 수적으로 단지 60억에 불과합니다. 얼마나 많은 다른 동물들이 있습니까? 개미, 모기, 초목 생물, 해양 생물을 보십시오. 우리 인간은 다른 형태의 생물보다 그 수가 압도적으로 적습니다. 그리고 인간들 가운데서도 네 발이 아닌 단지 두 발로 걷기를 배운, 식별이 없는 인간은 얼마나 많습니까? 식별과 자기 자각이 두 발로 걸을 수 있는 능력과 함께 나타나지 않았다면, 당신은 다른 동물보다 하등 나을 것이 없습니다.

얼마나 많은 사람들에게 "나는 누구인가?"라는 질문이 일어나겠습니까? 얼마나 많은 사람들에게 "이 '나'는 무엇이며, 그것은 어디에서 왔는가?"라는 질문이 생기겠습니까? 세상에 있는 수십억의 사람들 중에 소수의 사람들입니다. 그리고 이러한 질문이 일어나는 그런 사람들 가운데서 실제로 얼마나 많은 사람들이 옳은 대답을 찾게 되겠습니까? 얼마나 많은 사람들이 이 삼사라의 바다를 건너갔습니까? 당신은 어떤 것이라도 본 적이 있습니까? 어떤 것이라도 들은 적이 있습니까? 당신은 아주 극소수의 사람들이 이것을 성취한다는 것을 알 것입니다.

이러한 질문을 받으면, 우리의 마음은 2,600년 전으로 거슬러 올라가 붓다에게서 한 예를 찾습니다. 우리가 인류의 전 역사에서 몇 개의 사례를 찾아볼 때, 우리는 그것이 얼마나 드문 일인가를 깨닫기 시작합니다. 이러한 것을 성취한 많은 이를 찾을 수 없습니다. 그것은 극히 드문 현상입니다. 왕자였던 단 한 사람뿐입니다! "나는 자유로워지고 싶다."는 한 생각이 그에게 찾아왔습니다. 왕자가 그의 부인과 잠을 자는데, "나는 누구인가?"라는 한 생각이 떠오릅니다. 그는 이 문제에 대한 답을 찾기 위해 궁궐 밖으로 나갔고 그의 탐구는 성공했습니다. 그가 성공했기 때문에, 우리는 오늘날까지도 그를 우러러보고 있습니다. 그가 이러한 탐구에서 성공했다는 이유만으로 그의 가르침을 따르고 받들기 위해 세워진 불상과 사찰이 전 세계에 널리 퍼져 있습니다. 그는 2,600년 전에 이 질문에 대한 대답을 찾았습니다만, 아직도 그는 우리 마음속에 살아 존재합니다. 우리는 심지어 100년도 채 안 되는 우리 조상도 알지 못하지만, 우리는 이분을 기억하며 존경합니다. 그의 이름은 그가 이룩한 업적 때문에 영원히 살아 있을 것입니다.

그분이 보여 준 예는 지상에서 어떻게 삶을 영위해야 하는지를 보여 주는 진정한 사례입니다. 이것은 모든 사람이 본받아야 할 삶입니다. 이것은 자비의 최상의 형태입니다. 당신이 이 세상을 위해 할 수 있는 최상의 봉사의 모습은 자기 자신을 아는 것입니다. 그것으로 충분할 것입니다. 당신이 어디에 있든지 세상은 그 혜택을 얻게 될 것입니다. 당신이 어디에서 어떻게 사는가는 중요치 않습니다. 당신이 그냥 침묵한다면, 그것은 충분할 것입니다.

이것이 우리의 진정한 유산이군요.

유산? 유산은 없습니다.

유산은 우리가 왜 태어났는가, 우리가 무엇을 하기 위해 태어났가를 의미하는 것입니다.

그렇습니다. 유산은 당신의 타고난 권리입니다. 당신은 인간이 될 만큼 충분한 공덕을 쌓은 것입니다. 그 자체가 훌륭한 성취입니다. 당신은 수많은 종들을 거친 후에 이것을 성취했습니다. 수백만 년 동안 당신은 자신이 누구이며 왜 이 모든 현상이 일어나는가를 모른 채 여러 종을 거치면서 진화를 해왔습니다. 지금 당신은 자신이 누구인가를 물어보고 찾아볼 수 있는 인간으로서 귀한 탄생을 성취한 것입니다. 훨씬 더 나은 것은 "나는 자유를 원한다."는 생각이 당신의 마음속에서 일어나게 되었다는 것입니다. 이것은 매우 드문 결합입니다. 그것을 헛되이 하지 마십시오.

그것은 힘들지 않습니다. 어렵지 않습니다. 당신은 이 자유를 얻기 위해 어떤 수행도 할 필요가 없습니다.

제가 나리(럭나우의 중심지)에 살고 있을 때, 스티븐이라는 남자가 저의 집으로 찾아왔습니다. 그때는 제가 산책을 나가던 때인 오후였습니다. 전 그에게 산책을 함께 하자고 했습니다.

　우리가 함께 걷고 있을 때 그는 저에게 "사하자sahaja가 무엇입니까?"라고 첫 번째 질문을 던졌습니다. 사하자는 자연적인 상태를 의미합니다. 그는 이미 이 자연적인 상태를 들은 바 있었고, 그것이 무엇인지 그리고 어떻게 얻을 수 있는지를 알고 싶어 했습니다.

　저는 그에게 말했지요. "이것은 자연스러운 상태입니다. 주위를 둘러보십시오. 보행자의 안전지대가 있습니다. 한쪽 편에는 우체국이 있고 저쪽에는 식당, 병원, 동물원이 있습니다. 많은 사람들이 여기에 앉아 있습니다. 자동차와 버스들이 주위를 돌아다니고 있습니다. 사람들도 이리저리 다니고 있습니다. 이것이 바로 바로 사하자 상태입니다."

　그것이 제가 그에게 말한 전부입니다. 그러나 그는 갑자기 매우 흥분하더니, "알았다! 알았다! 알았다!"라고 외치기 시작했습니다. 그는 더 이상 어떤 질문도 하지 않았습니다. 그때 이 남자에게는 그것이 정확한 대답이었기 때문입니다.

　사하자가 무엇인가요? 이것이 사하자입니다. 당신이 지금 바로 여기에 있는 이곳이 사하자입니다. 당신은 선악에 대한 생각, 할 필요가 있고 할 필요가 없는 것에 대한 생각으로 그것을 덮어 버렸습니다. 혼란을 끌어들인 것입니다. 그리고 이 혼란의 일부는 이 자연스러운 상태를 얻기 위해서 무엇인가를 할 필요가 있다는 생각입니다. 당신이 어디에 있든지, 어디로 가든지, 당신은 이 상태를 따로 뒤에 남겨 둘 수가 없습니다. 그것을 집 안에 둘 수도 없고, 그것 없이는 나갈 수도 없습니다. 그것은 항상 당신과 함께 있었고, 앞으로도 항상 당신과 함께 있을 것입니다. 그것은 가장 얻기 쉬운 것입니다. 왜냐하면 그것을 얻기 위해 수행해야 할 필요가 없기 때문입니다. 그것은 자연 발생적인 것으로 이미 존재하고 있는 것입니다.

5

모든 사람이 저지르는 주된 실수는 감각들을 포함하는 교류에서 행복을 추구한다는 것입니다

심하게 고통 받는 사람들도 진정으로 치유될 수 있습니까?

고통은 오래된 문제들, 즉 사람들이 삶에서 겪은 충격적 사건들로 부터 옵니다. 사람들은 이러한 문제들을 없애기 위해 각종 종교 센터, 요가 센터, 치료 센터 등 여러 곳을 전전합니다. 그것이 제가 서양에 갔을 때 본 것이었습니다. 사람들은 그들의 문제들을 없애기 위해 이 센터에서 저 센터로 뛰어다니고 있었습니다. 저는 이러한 센터들을 유럽 전역에서 보았습니다. 모두들 그들의 문제들을 없애기 위해, 깨어진 관계와 같은 문제에 대한 도움을 얻기 위해 그런 곳에 가고 있었습니다. 그러나 그들은 모두 잘못된 곳을 보고 있었습니다. 이들 각종 치료 센터들이 아니라, 자유 즉 해방이 고통을 종식시켜 줍니다. 그 때문에 저는 자유의 생각을 일으키는 것이 매우 드물다고 말합니다. 그것은 매우 드문 일입니다. 이런 센터들에 가는 사람들은 그들의 문제들로부터 달아나고 있습니다. 다시 말해 그들은 정면으로 그 문제들을 대면하고 있지 않습니다. 그들은 다른 옷들을 차려입거나, 요가와 명상 등을 하면서 도망치고 있습니다. 만약 당신이 이런 사람들에게 말을 걸어 왜 이 센터에 다니느냐고 묻는다면, 그들은 왜 왔는지를 말해 주는데, 그 이유는 보통 이런저런 문제들을 없애는 것입니다. 그들은 "나는 자유를 얻기 위해 여기에 왔습니다."라고는 말하지 않을 것입니다. 이런 사람을 찾기는 매우 드문 일입니다. 너무너무 희귀합니다.

이런 고통들은 잘못된 동일시, 즉 '나'와의 연관을 통해서 오는 것입니까?

그렇습니다. 그것은 모두 잘못된 동일시입니다. 당신은 고통이 불운이나 과거의 실수들로부터 온다고 말할지 모르나, 근본 원인은 육체와 그 육체의 감각들 사이의 결합과 동일시입니다. 모든 사람들이 저지르는 최초의 실수는 감각들을 수반하는 교류에서 행복을 찾으려 한다는 것입니다. 일단 이런 잘못을 저지르면, 당신은 하나의 교류에서 또 다른 교류로, 하나의 관계에서 또 다른 관계로 걷어차입니다. 이처럼 하는 사람들은 길을 잃고 종종 심각한 곤경에 빠집니다. 그들 중 일부는 자신의 이야기를 들고 저에게로 왔습니다. 그들은 깨어진 관계의 이야기들을 가지고 왔고, 심지어 한 남자는 호주머니에 청산가리를 약간 넣어 왔는데, 자살하기 위해서라고 했습니다. 저는 그러한 경우를 많이 보아 왔습니다.

그 중 하나가 스위스에서 만났던 남자였습니다. 그는 저에 대해 듣고는 제 명상 수업에 참석할 수 있는지 물었습니다. 저는 그에게 와도 좋다고 말했습니다. 얼마 후 그는 서서히 자신의 이야기를 하기 시작했습니다. 그는 가족을 떠나 파리에서 수학 교수로 있었습니다.

"저의 아내는 여섯 달 된 아들을 데리고는, 제 제자들 중 한 명과 달아났습니다. 저는 이런 고통을 참을 수가 없습니다. 저는 생을 끝내려고 여기에 왔지만 지금까지 그것을 실행할 용기를 낼 수가 없었습니다. 만약에 제가 당신과 함께 충분히 오래 여기에 머문다면, 저는 아마도 자살할 용기를 낼 수 있을 것입니다."

그런 다음 그는 자살을 위해 준비한 것들을 계속해서 나열했습니다. 그는 약간의 재산과 사후에 아내에게 수익이 돌아갈 보험증서들을 가지고 있었습니다. 그는 생을 끝내기로 계획하고 있었기 때문에, 그가 죽으면 아내가 모든 돈을 받도록 보장해 주는 데 필요한 서류작업을 다 해 놓았습니다.

저는 그의 이야기를 경청하고 나서 말했습니다. "당신은 어리석은 사람이군요. 저랑 함께 인도로 돌아갑시다. 저는 먼저 파리로 갈 겁니다. 저와 함께 파리로 가서 함께 인도 여행을 합시다. 자살은 하지 마세요. 저와 같이 가면 관계에 의존하지 않고 행복해지는 다른 방법을 보여 드리겠습니다. 당신이 이제껏 전혀 보지 못했고, 이와 같이 행동하지도 않을 것이며, 절대 당신으로부터 도망치지 않을 더 멋진 아내를 보여 주겠습니다."

그는 제 제안을 수락했지만 이렇게 말했습니다. "저는 인도에 갈 돈이 없습니다. 하지만 아직 차는 가지고 있습니다. 그것을 팔아 돈을 조금 마련하겠습니다."

그는 지방신문에 광고를 게재했고 다음 날 첫 번째 유력한 구매자가 그 차를 보러 왔습니다.

"시험 운전을 해보세요." 그 교수는 말했습니다. "하루 동안 가지고 가서 운전해 보시고 맘에 드는지 어떤지 보세요."

"얼마를 원하십니까?"

"반값에 드리겠습니다."

"적정 가격이 아닌 것 같은데요." 차를 보러 온 남자가 말했습니다.

수학 교수는 그의 말을 잘못 이해했습니다. "마일리지를 한 번 보세요." 그가 말했습니다. "거의 하나도 안 쓴 겁니다. 집에서 학교까지 오가는 데만 썼거든요."

"아니, 아니요. 가격을 너무 낮게 책정하셨다는 뜻입니다. 이 차는 새 차 가격의 반값보다는 훨씬 더 가치가 있습니다. 거의 사용하지도 않은 건데요. 왜 그렇게 싸게 팔려고 하십니까?"

"저는 새 스승과 함께 인도로 가려고 하는데, 이 차는 그분과 함께 갈 돈을 제공해 줄 수 있는 저의 유일한 재산입니다. 저는 그분을 따라가기 위해 이 돈이 필요합니다."

남자는 그 이야기를 좋아했습니다. "참 멋진 이유군요. 그리고 당신이 계획하고 있는 일이 마음에 듭니다. 이렇게 인도로 가는 것은 참 멋진 일입니다. 이 차가 새 차만큼이나 상태가 좋기 때문에 전체 가격을 다 지불하겠습니다. 이제 당신은 새 스승님과 함께 인도에 갈 수 있습니다."

그는 저와 같이 인도로 가서 1년 정도를 함께 보냈습니다. 저는 그가 문제들을 극복한 것을 보았을 때 이렇게 말했습니다. "이제 유럽으로 돌아가도 좋습니다. 당신은 수학 교수입니다. 새 직장을 구하는 것은 쉬울 것입니다. 원한다면 새 아내를 얻으세요. 당신은 이제 아무 문제도 없습니다."

사람들은 이런 심각한 고통의 상태에 빠져들고 그것들을 다루는 방법을 모릅니다. 저는 그런 경우를 한두 번이 아니라 아주 많이 보았습니다. 이러한 사람들은 아쉬람이나 다른 센터들을 다녀왔지만, 변화나 발전이 없었습니다. 행복과 사랑은 외부와의 교류들을 통해서 나오는 것이 아니라는 것을 진정으로 이해할 때만 진정한 변화가 일어납니다.

당신이 누군가와 사랑에 빠졌고 그 사람이 런던에 있다고 합시다. 당신은 연인이 런던에 있기 때문에 런던으로 가야 합니다. 런던에 가기 위해 여행을 해야 하고, 여행경비를 위해 돈이 필요합니다. 그러나 만약 연인이 가까이에 있다면, 그녀가 당신의 숨결보다 더 가깝고 밀접한 곳에 있다면 어떤 일이 일어나겠습니까? 만약 당신이 어떤 식으로든 뛰거나 움직이기 시작한다면, 당신은 그녀를 향해 가는 것이 아니라 그녀로부터 멀리 달아나게 될 것입니다. 당신이 달리면 그녀에게 더 가까이 다가가는 것이 아니라, 연인이 있는 곳에서 멀어지게 될 것입니다. 호흡보다 더 가까운 이 연인 이외의 다른 어떤 것을 구하려 할 때마다, 그 때문에 당신은 그녀로부터 멀어지게 됩니다. 사실 이것은 항상 그러합니다. 만약 자유를 원하면, 달리던 일을 멈추는 법을 배워야 합니다. 머무르는 법을 배워 당신이 있는 곳에 있어야 합니다. 이 자유는 야채가게나 다른 어떤 곳에서도 파는 것이 아닙니다.

자유는 당신으로부터 분리된 어떤 대상들 안에 있는 것이 아니라 당신 안에 있는 것임을 이해해야 합니다. 그 뒤 그 위치를 확인한 후에는 '내가 언제 그것을 원하는가?'를 결정해야 합니다. 이것은 당신이 몇 백만 년 동안이나 연기해 온 아주 중대한 결정입니다. 그 결정을 내리십시오. 지금 그 결정을 하십시오.

그 결정은 무엇입니까?

(뉴질랜드에서 온 다른 남자에게 얘기하면서) 당신은 저에게 이 결정을 내리는 문제에 대해 편지를 썼는데, 아주 잘 썼습니다. 당신은 이 결정의 근원에 대해서 그리고 어떻게 그 결정을 내리는 것을 연기했는가에 대해서 썼습니다. 당신은 마침내 '이것이 나의 참나이다.'라고 결정했습니다. 그것은 몇 마디 안 적혀 있었지만 아주 멋진 편지였습니다. 저는 당신에게 어떤 글을 써 달라고 부탁했고, 이것이 당신이 말한 내용입니다. 이런 글들은 근원 그 자체로부터 나옵니다. 저는 당신이 말이 시작되는 근원에서 쓰기를 원했는데, 이것이 바로 당신이 말한 내용입니다. 모든 말이나 지성의 모든 활동은 이 근원에서 나옵니다.

참나, 참나 실현, 깨달음, 진리, 자유 등과 같은 우리가 말하는 이 모든 것은 무엇이며 어디에 있습니까? 이 질문들에 대해 시간을 쏟아서 스스로 해답을 찾아내도록 하십시오. 우리는 거리의 개념을 이야기하면서 시작했습니다. 즉 당신은 지금 어디에 있으며 당신의 목표에 도달하기 위해 얼마나 가야 하느냐? 라는 질문으로 출발했습니다. 이것은 매우 간단한 일입니다. 그것은 당신의 수뜨라입니다. 그것은 시작과 끝이며, 모든 길이 그 안에 들어 있습니다. 거리도 위치도 없습니다. 그 말은 길도 없다는 뜻입니다. 이것을 알고 이해하면, 모든 것이 끝납니다. 모든 것이 끝날 것입니다. 더 가야 할 거리도 없을 것입니다.

당신은 "저는 그것을 설명할 수 없습니다."라고 말했습니다. 하지만 나중에 저는 당신에게 그것을 설명하도록 요구했습니다. 그것은 설명이지만, 동시에 당신의 설명이 아닙니다.

저는 그 편지를 쓸 때 매우 아팠습니다.

그것은 '당신의' 설명이 아닙니다. '당신'은 아무런 설명도 적지 않았습니다. 당신은 스스로 "저는 설명을 할 수가 없습니다."라고 말했습니다. 당신의 수뜨라는 '시작부터 끝까지Beginning to end'였습니다. 그것이 당신이 필요로 하는 전부였습니다. 모든 것이 이 세 마디 안에 담겨 있고 포함되어 있습니다. 이것에 대한 해답을 찾기 위해 책을 찾아도 소용없습니다. 당신은 시작과 끝이 같은 곳이라는 것을 스스로 알아내야만 합니다.

('수뜨라'라는 용어는 종종 경전들을 가리키는 포괄적인 용어로 쓰이지만, 이 문맥에서 수뜨라는 간결한 말로 요약된 위대한 영적 진리 또는 수행을 나타낸다.)

(새로운 질문자) 환영에 심취된 것을 깨뜨리기 위해서는 고통이 필요합니까? 근원으로 돌아감으로써 그것을 초월할 마음을 불러일으키기 위해서는 우선 고통을 받아야 합니까?

고통이란 무엇입니까? "나는 근원에 있지 않다."는 것이 고통입니다. 그것이 전부입니다. "나는 바로 지금 집에 있지 않다."는 것이 고통입니다.

당신이 별 다섯 개의 특급 호텔에서 매우 기분 좋고 편안하게 잠을 자고 있다고 상상해 보십시오. 당신은 멋진 저녁식사를 하고 잠자리에 들었습니다. 문은 닫혀 있습니다. 잠을 자면서 당신은 꿈을 꾸기 시작합니다. 당신은 꿈속에서 외국에 갔다가 강도에게 습격을 당하고 있습니다. 그들에게 둘러싸여 있고 꿈속에서 그들이 자기를 죽일 것이라는 것을 알고 있습니다. 그것이 당신의 상황입니다. 당신은 끔찍한 곤경에 빠져 있고, 곧 죽을 것이라고 정말로 믿고 있기 때문에 "도와주세요! 도와주세요! 도와주세요!"라고 큰 소리로 외치고 있습니다. 그 상황에서 누가 당신을 도와주겠습니까? 누가?

당신은 실제로는 특급 호텔에서 많은 사람들에 둘러싸여 있습니다. 그 방 안에는 단 몇 초 만에 매니저나 보안 직원과 연결해 주는 전화가 있습니다. 당신은 완벽하게 안전한 환경에 있는데도, 자신이 만들어 낸 꿈의 산물로 인해 여전히 심하게 고통 받고 있습니다. 당신은 자신의 근원에 있지 않습니다. 당신은 꿈속의 당신 몸과 동일시함으로써 근원에서 이탈했습니다. 그래서 그것만으로도 당신에게 이런 모든 고통을 야기 시키기에 충분했습니다.

"나는 몸이다."라는 생각은 당신을 근원으로부터 끌어내고, 일단 그곳을 벗어나면, 고통, 그것도 절대 끝나지 않는 고통은 불가피합니다.

고통은 항상 "나는 몸이다."라는 생각에서 시작됩니다. 누가 이런 생각을 합니까? 몸은 "나는 몸이다."라고 말하지 않습니다. 몸에게 직접 물어보고 그 몸이 뭐라고 말하는지 알아보십시오. 발에서부터 시작하십시오. 발은 "나는 몸이다."라고 말하지 않습니다. 그것은 심지어 "나는 발이다."라고도 하지 않습니다. 발은 이 문제에 대해 아무런 할 말이 없습니다. "나는 몸이다."라고 단언하는 사람은 바로 당신입니다.

자신이 몸이라는 생각에 대한 이러한 집착은 거짓된 상상으로부터 생겨납니다. 상상은 당신이 안전한 호텔에서 꿈속의 몸으로 있을 때 고통 받게 만들었고, 또 상상은 당신이 깨어 있는 상태의 몸이라고 잘못 결론 내렸을 때 고통 받게 만듭니다. 사실이 아닌 무엇인가를 상상할 때마다 당신은 그 결과를 받아야만 합니다. 이것은 뱀과 밧줄 이야기와 같습니다. 밧줄을 뱀이라 상상하면 두려움을 겪지만, 그것이 단지 밧줄이라는 사실을 알게 되면 고통은 전혀 없습니다. 가상의 것들을 믿는 것은 자신의 선택이고 결정입니다. 그 말은 또한 그것들을 안 믿을 수도 있다는 뜻입니다. 당신은 가상의 것들과 개념들을 믿든지 안 믿든지를 스스로 결정해야만 합니다.

저는 당신에게 이렇게 하라고 요구하고 있는 것은 아니지만, 어느 시점에 가서는 당신이 이 결정을 내려야만 한다고 말하는 것입니다. 어느 시점이 되면 그렇게 해야만 합니다. 그것은 매우 조용한 과정입니다. 저는 당신의 근원, 당신 자신의 집에 대해 이야기하고 있습니다.

당신의 주인은 매우 관대하고 인내심이 많습니다. 당신은 원할 때마다 언제든 집으로, 주인의 집으로, 당신 참나의 집으로 올 수 있습니다. 아무런 압력도 없습니다. 돌아가기로 결정하기만 하면 언제든 환영받을 수 있습니다. 만약에 지금 밖에서 놀고 싶다면 그렇게 할 수도 있습니다. 그러나 집으로 돌아가기로 최종 결정을 내리면, 당신은 대환영을 받을 것입니다.

저는 당신이 "수년간의, 수백만 년간의 탐색이 끝났습니다."라고 쓴 편지를 읽고 있었습니다. 저는 이 수백만 년이 실재의 관점에서 어떻게 설명될 것인지 이야기해 줄 것입니다. 며칠 전 저는 어떻게 저의 모든 전생을 한 번 보았는지에 대해 이야기해 줬지만 지금 말하고자 하는 것과 관련이 깊기 때문에 그 이야기를 다시 상세히 해주겠습니다.

저는 언젠가 강가의 둑에 그냥 앉아 있었는데, 그때 저의 전생을 모두 보았습니다. 다시 말해 여러 다른 종들로 생을 거듭하면서 처음부터 어떻게 지내 왔는지를 보았습니다. 물고기뿐만이 아니라 많은 종류의 해양 생물, 말하자면 여러 종류의 해양 동물들이 있었습니다. 그러한 해양 동물로서의 전생들을 포함하여 바위로서, 초목으로서, 동물로서의 전생들이 있었습니다. 그 다음 사람으로서의 많은 전생이 있었습니다. 심지어 다른 행성에서 다른 종류의 몸과 생각을 가졌던 전생들도 있었습니다. 이런 일이 진행되는 동안, 저는 과거에는 이런 각각의 몸으로 존재했다는 것을 알았지만 또한 제가 지금 강가 옆에 앉아 있는 이 몸이라는 것도 알았습니다. 저는 강가 옆에 앉아 있으면서 이 모든 전생들을 보았고, 그것들을 볼 때 마치 관련된 생물들 하나하나의 전 생애를 경험하고 있는 것 같았습니다. 저는 이것을 설명할 수는 없지만, 만약 원한다면 그때 보았던 것을 여전히 볼 수가 있습니다. 제가 사람으로 태어났던 최근의 전생을 보고 알았던 다른 경우도 있었습니다.

이런 긴 일련의 전생의 끝에서 스승인 라마나 마하리쉬의 모습을 보았습니다. 그는 제 앞에 서 계셨고, 그가 거기에 서 있을 때 일련의 전생들은 끝이 났습니다. 이제, 이 모든 것에 대하여 이상한 점은 제가 수백만 년에 걸친 이 모든 전생들을 상세히 재경험하고 있는 동안, 강가의 강둑에서 지나간 시간은 단지 순식간이었다는 것입니다.

참나의 집으로 들어오면, 당신이 무수한 전생들을 겪으면서 지나간 그 모든 시간이 실제가 아니었음을 즉시 이해할 것입니다. 그것은 한 순간처럼 보이게 될 것이고, 당신이 집으로 돌아와 바로 이 사실을 알게 되면, 이 비밀을 알고는 웃게 될 것입니다. 그것을 겪고 있는 동안은 긴 시간처럼 보이지만, 그것이 끝나면, 그것이 일순간에 모두 일어난 단지 부풀려진 상상이었다는 것을 알게 될 것입니다.

강가에서의 이 경험이 있기 이전에는 저는 누구에게도 일순간으로 압축되는 이 전생의 사건에 대해 묻지도 말하지도 않았습니다. 그 후에도 역시 누구와도 이에 대해 의논하지 않았습니다. 제가 읽은 어떤 책에서도 이와 같은 것을 읽어 본 적이 없었기 때문에 그것에 대해서는 입을 다물고 있었습니다. 그러고는 몇 년이 지나 파리에 있을 때, 붓다도 이와 같은 경험을 했다는 언급이 있는 불교 책을 읽었습니다. 실제로는 누가 그 책을 저에게 읽어 주었습니다. 그 책은 불어로 쓰여 있어서, 그곳에서 알았던 어떤 이가 그것을 번역해 가면서 저에게 읽어 주었습니다. 이 비슷한 이야기를 듣는 것은 저를 어느 정도 만족시켜 주었습니다.

이제 저는 저 자신의 직접적인 경험으로 모든 현상은 단 한 순간에 일어난다고 말할 수 있습니다. 이것은 당신이 시간에서 잠시 물러서면 밝혀지는 비밀입니다. 같은 일이 밤에도 일어납니다. 꿈에서 아주 엄청난 시간이 흘러간 것처럼 보일 수도 있지만, 깨어 보면 마지막으로 깨어 있던 시간에서 단지 몇 분이나 몇 초가 지났음을 깨닫게 됩니다. 당신은 꿈에서 인생의 전 기간을 다 보낼 수도 있고, 거기서 인생 전체를 고통 받으며 지낼 수도 있습니다.

마침내 참나의 집으로 돌아올 때, 당신은 자신이 진정 누구이며 무엇인가를 알게 되고, 당신을 오랜 시간 동안 사로잡았던 환영과 같은 현상계의 참된 본성을 알게 될 것이며, 그것을 초월할 때 진정한 자유가 무엇인지 알게 될 것입니다. 그 마지막 휴식처에서 당신은 이곳이 진정으로 처음부터 있었던 곳임을 알게 될 것입니다. 자신이 어떤 것이었고 다른 어딘가에 있었다고 믿어 버림으로써 헛되이 고통 받았다는 것을 알게 될 것입니다. 이것을 처음부터 줄곧 알고 있었지만 스스로 그것을 무시해 버렸다는 것을 알게 될 것입니다. 당신은 지금 제가 말하고 있는 것을 믿지 않기 때문에 지금도 그것을 무시하고 있습니다. 오히려 자신의 상상을 믿고 있습니다. 당신은 이것이 자신의 생득권이며 항상 여기에 있으며, 항상 자신의 현재 모습이라는 것을 믿지 않을 것입니다. 아무도 이것을 믿지 않아서 모든 사람은 그들이 이미 쉬고 있는 이곳에 도달하기 위해 계속해서 노력을 쏟아 붓습니다. 여러 다른 방법들과 길이 있지만 그것들은 모두 당신이 자신의 실제 모습 이외의 다른 어떤 것이라고 믿게 만드는 상상을 부추기고 지지합니다.

제가 기술한 상태는 평온한 만족의 상태인 것 같습니다. 밖으로 뛰쳐나가거나 타인이나 그 외 다른 것들과의 접촉을 하려는 충동도 없었습니다. 그것은 설명하기 어렵습니다. 저는 정말로 어떠한 것도 하고 싶지 않았습니다.

지금이 그때입니다. 지금이 바로 당신이 즐길 순간입니다. 할 수 있는 한 많이 즐기십시오. 그리고 하고 싶은 것은 무엇이든지 하십시오. 즐기십시오! 즐기십시오!

즐기라는 말씀입니까, 아니면 죽으라는 말씀입니까?

즐기십시오! 이것은 즐거움입니다.

처음에 스승님은 저에게 죽어야 한다고 말씀하셨고, 이제는 즐겨야 한다고 말씀하고 계십니다.

그 둘은 같은 것입니다. 그것들은 다르지 않습니다. 마음은 통제할 필요가 없습니다. 당신은 마음을 통제해야 한다고 느낍니까?

더 이상 어떻게 해야 할지 모르겠습니다. 정말 모르겠습니다.

(웃으면서) 아주 좋습니다! 사람들은 쁘라나야마와 명상을 통해 마음을 통제하고자 노력하다 길을 잃어버립니다. 이것은 매우 올바른 견해입니다. 매우 올바른 견해입니다. 이 얼마나 간단합니까!

저는 봄베이에서 한 고등학생을 알았습니다. 그녀는 엄마와 함께 봄베이에 있는 저를 보러 오곤 했습니다. 그 당시 그녀는 분명 열여덟이나 열아홉 살쯤 되었을 거라 생각됩니다.

한번은 그녀가 저에게 "저는 마음이 필요할 때는 마음을 사용하지만, 그렇지 않을 때에는 마음을 혼자 내버려둡니다. 마음이 필요하지 않으면, 마음의 생각들 중 어느 것과도 관계하지 않습니다. 저는 학교에 가고, 공부하고, 먹고 잡니다. 하지만 이런 것들 중의 어느 것에도 마음이 필요하지는 않습니다. 그래도 제가 무엇인가를 하기 위해 마음이 필요하다면 그것은 항상 거기에 있습니다."라고 말했습니다.

이것이 바른 태도입니다. 마음은 유용한 도구일 수 있지만, 그것이 당신의 삶을 지배하거나 망치도록 하지는 마십시오.

6

지금까지 아무도 그것을 설명하지 못했고, 앞으로도 영원히 설명하지 못할 것입니다

깨어 있음, 꿈, 그리고 잠의 세 가지 상태는 환영의 일부입니까? 만약 그렇다면, 그것들이 일어나는 네 번째 상태인 뚜리야는 어떻습니까? 이 뚜리야는 다른 어떤 곳으로부터 옵니까?

설명할 수 없는 다른 어떤 상태가 있습니다. 뚜리야 역시 당신이 거부하는 다른 세 가지 상태의 연관 속에 존재합니다. 그것은 이 거부와 관련이 있습니다. 제가 하고 있는 말이 무슨 뜻인지 이해하겠습니까? 뚜리야는 이 거부된 상태들과 관련이 있기 때문에 그것은 상태 그 자체이고, 그렇기 때문에 그것도 역시 마땅히 거부될 만한 것입니다. 그 모든 것 너머에 뚜리야띠따(네 번째 상태 너머)가 있습니다. 그것은 아무도 이해하지 못합니다.

뚜리야는 마음에 의해서 어떻게든 파악될 수 있습니다. 잠을 잘 때에도 당신이 잠에서 깼을 때, "잘 잤다. 지난밤에 정말 잘 잤어."라고 말을 할 수 있게 하는 약간의 잔여 자각이 있습니다. 그런 지식, 그런 자각은 깨어 있음, 꿈, 잠의 세 가지 상태들이 나타나고 사라지는 네 번째 상태인 뚜리야와의 미묘한 접촉으로부터 옵니다. 네 번째 상태로부터 우리는 세 가지 상태 중의 하나로 되돌아갈 수 있습니다. 예를 들면 그 다음의 깨어 있음의 상태로 되돌아갈 수 있습니다.

당신이 옮겨 다니느라 시간을 쓰는 이 네 가지 상태를 완전히 초월하는 곳이 있습니다. 너머의 어떤 것, 그곳은 변화하는 상태나 과정이 전혀 없습니다. 그것은 모든 개념을 초월해 있는 본래 토대이고, 모든 것의 기초입니다. 그것은 모든 상태를 초월해 있기 때문에, 다른 네 가지와 같은 상태는 아닙니다.

네 번째 상태인 뚜리야도 여전히 개념일 수 있습니다. 그것은 당신이 마음으로 이해하고 파악할 수 있는 어떤 것일 수 있습니다. 마음은 세 가지 다른 상태 아래에 있고, 깊은 수면 동안 자각으로 존재하는 어떤 것에 대한 개념을 파악할 수 있습니다. 그러나 그 남겨진 자각 너머혹은 그 배후에 있는 것은 관념이나 개념을 전혀 가질 수 없습니다.

날카로운 지성은 많은 것을 파악할 수 있으며, 많은 것을 경험할 수 있지만, 이 뚜리야띠따를 접촉하거나 이해할 수는 없습니다. 사람들은 경험들을 합니다. 지성은 그 경험을 파악하고 그것을 '깨달음'이라 부릅니다. 대부분의 사람들은 이런 실수를 저지릅니다. 그들은 선명한 지적 이해를, 어떠한 이해도 불가능한 그 본래 상태의 진정한 경험과 혼동합니다. 진정한 경험은 이해와는 아무런 상관이 없습니다. 뚜리야 띠따는 절대적으로 순수한 경험입니다. 지금까지 아무도 그것을 설명하지 못했고, 앞으로도 영원히 그러할 것입니다. 모든 수뜨라는 그것에 대해 침묵합니다. 어느 누구도 그것에 대해 말한 적이 없습니다.

박따의 깨달음과 갸니의 깨달음 사이의 차이점은 무엇입니까?

박띠에서는 이원성에 대한 어떤 지속하는 관념이 항상 있습니다. 신성한 개인적 신에 대한 헌신의 개념은 이원성의 요소를 유지합니다. 이 이원성이 유지되면, 그것은 당신이 죽은 후에 당신을 신들의 나라로 데려갈 것입니다. 이 천상의 세계들에 대한 많은 묘사들이 있었지만, 그것들은 여전히 모두 마음의 것입니다. 그것들은 개념들이고 마음의 창조물들입니다. 헌신자들은, 몇몇 위대한 성자들조차도, 이런 개념들을 믿고 그들의 개념과 일치하는 천상으로 갑니다. 이런 사람들은 그들이 죽으면 가게 될 바이꾼따와 같은 천상의 영역들을 믿도록 조건 지어져 있기 때문에, 이 생에서의 진정한 자유를 열망하지 않습니다. 마음의 힘은 이 로까(세계)들을 창조하고, 육체적인 죽음 이후에 마음은 그것들을 즐기기 위하여 그곳으로 갑니다. 사람이 죽으면 갈 수 있는 여러 다른 세계들이 있지만, 그것들은 모두 마음의 창조물들입니다. 당신은 그런 곳들에서 항상 스스로를 즐기면서 수백만 년을 보낼 수 있습니다. 하지만 그렇다고 그것들이 진정한 것이라는 의미는 아닙니다. 제가 말하는 이 자유는 이 세계들 중 어느 곳에서 다시 태어날 숙명으로부터 당신을 해방시키는 것입니다. 이 자유는 그곳에서는 말해지지 않습니다.

그래서 이 영역들로 가는 사람들은 결국에는 다시 태어나야만 하는 것입니까? 그들은 지구로 되돌아와서 여기서의 삶을 더 살아야만 합니까?

외관상의 고통이 없고 모든 것이 행복이요 즐거움이며 나이도 들지 않는 그런 곳에서 자유에 대한 갈망이 생겨나기란 매우 어렵습니다. 이런 신성한 세계들에서 모든 것은 매우 훌륭하고 아름답습니다. 그곳의 사람들은 "우리에게 이 정도면 충분해. 더 이상 뭘 바라겠어?"라고 생각합니다. 이것은 그런 곳이기 때문에 그러한 곳들에서 자유에 대한 갈망이 솟아나기란 매우 드뭅니다. 위대한 박띠 성인들——뚜까람, 남데브, 뚤시다스 등——은 모두 그들이 죽었을 때 천상의 영역으로 가기를 갈망했습니다. 그들은 신에 대한 헌신을 통해 그 신과 함께 영원히 머무르기를 원했습니다. 신에 대해 이러한 강력한 헌신을 하는 헌신자들은 신성한 세계들로 가서 그곳에서 수천 년 동안 머물겠지만, 진정한 자유를 원한다면 조만간 이곳으로 되돌아와야만 할 것입니다.

미라바이는 어떻습니까? 그녀도 이러했습니까? 결국에는 바뀌지 않았습니까?

그녀는 결국 자신의 태도와 견해를 바꾸었고, 다른 다수의 성인들도 그러했습니다.

미라바이는 과거의 왕비였으며 신비한 시인이었습니다. 그녀는 자신의 왕실 특권을 버리고 숲 속에서 살기 위해 들어갔습니다. 그녀는 아주 유명해졌고, 인도의 황제는 그녀에 대한 이야기를 듣고, 그녀를 만나 보고 싶어 했습니다.

그는 수상에게 만남을 주선하라고 했지만, 수상은 그에게 "폐하께서 황제의 자격으로 가신다면, 그녀는 폐하를 만나 주지 않을 것입니다. 그녀는 이미 왕족의 장식적인 의상을 거부하고 브린다반에 살러 간 것입니다. 그녀는 거기서 신에 대한 찬가들을 부르며 걸인처럼 살아가고 있습니다. 그녀는 신에 심취해 있습니다. 가끔 나무에서도 살고, 어떤 때는 여행도 하며, 때로는 신에게 그냥 노래들만 부르기도 합니다. 하지만 좋은 방법이 있습니다. 우리가 변장을 해서 거기에 가면 될 것 같습니다. 폐하께서는 저의 시종처럼 차려 입고 저와 함께 가시면 됩니다."라고 말했습니다.

황제는 이 제안에 동의했고 그들 둘은 브린다반의 숲에 있는 미라를 보러 출발했습니다. 오래 찾아다닌 끝에 그들은 그녀를 발견했습니다. 그녀에게 다가갔을 때, 그들은 그녀가 눈을 감고 황홀경의 경지에 있는 것을 보았습니다. 그들은 그녀가 이 경지에서 빠져나오길 기다리며 한 시간 동안 그곳에 앉아 있었습니다. 마침내 그녀가 눈을 떠서 그들이 있는 곳을 보자, 황제는 전에는 그 같은 내적인 아름다움을 본 적이 없다는 것을 깨달았습니다. 그녀는 순수함으로 빛나고 있었고, 황제는 이 내적 아름다움이 그녀로부터 빛을 발하고 있다는 것을 느꼈습니다. 그녀의 몸에서 흘러나오고 있는 평화는 황제를 참으로 행복하게 했습니다. 그런데 황제가 행복하면, 그를 행복하게 만든 사람이 누구든지 간에 그에게 보상을 내리는 것이 그의 성향이었습니다. 그는 하인으로 가장한 것을 잊어버렸습니다. 그의 손은 자연스럽게 그의 관복 아래로 내려갔고, 미라에게 줄 다이아몬드 목걸이를 꺼냈습니다. 한때 왕비였던 미라는 오직 황제만이 그런 목걸이를 가질 수 있다는 사실을 알고 있었습니다.

"저는 이런 보석들을 모두 내버렸습니다." 그녀는 말했습니다. "그것을 받을 수가 없습니다."

황제는 그녀의 앞에 엎드리고는 떠났습니다.

이것은 그녀가 아무것에도 신경 쓰지 않고 숲 속 생활을 하며, 수중에 들어오는 음식이 무엇이든 먹으며 일생을 보낸 방법입니다.

저는 그럼에도 그녀가 결국에는 개인적인 신에 대한 헌신을 포기했다고 생각되는 한 가지를 읽었습니다. 그녀가 이렇게 쓴 시가 있습니다. "마침내 나는 침대를 찾아냈다. 나의 연인이 누워 있던 침대를. 이제 나는 잠을 자러 갈 것이다."

잠시 후에 이 시에 대해 좀 더 이야기를 해주겠습니다. 하지만 우선 그녀의 배경에 대해 설명을 해야겠습니다. 그녀는 크리슈나를 사랑하며 일생을 보냈습니다. 그녀의 헌신은 일곱 살 때로 거슬러 갑니다. 그녀는 결혼 행렬이 거리를 따라 내려가는 것을 보고는 엄마에게 무슨 일인지 물었습니다. 인도에서는 신랑이 말을 타고 신부의 집으로 갑니다. 이것이 그녀가 본 그 행렬이었습니다.

그녀의 엄마는 말했습니다. "저 남자가 신랑이야. 그는 지금 결혼을 하려고 가는 중이란다."

미라가 물었습니다. "내 신랑은 누구예요?" 그러자 엄마가 "크리슈나."라고 대답했습니다.

그 순간 크리슈나를 향한 그녀의 사랑이 불붙었고, 남은 일생 동안 그녀는 다른 누구도 사랑하지 않았습니다.

이제, 그 시로 돌아가서, 그녀는 '니르군nirgun'이라는 단어를 사용합니다. 니르군은 무형을 의미합니다. 그녀는 자신의 연인을 니르군이라고 하고, 그 침대 역시 니르군이라고 합니다. 그리고 "이제 나는 무형과 침대를 같이 쓸 것이고, 거기에는 더 이상 어떠한 이별도 없을 것이다."라고 말합니다.

이것이 그녀가 말했던 것이고, 저는 이것이 이야기의 끝이라고 생각합니다. 이것은 자유라 불립니다. 이것을 읽고, 저는 이것이 그녀의 박띠가 끝난 곳이라고 생각했습니다.

다른 성인들도 그들의 시에서 비슷한 생각들을 적었습니다. 저는 뚜까람의 시를 읽은 적이 있는데, 그 시도 똑같은 일이 그에게 일어났음을 암시했지만, 미라바이의 이 시처럼 명백하지는 않습니다.

까비르의 이야기도 역시 흥미롭습니다. 그는 원래 그의 스승이 람 박따였기 때문에 람 박따로 출발했습니다. 그의 스승인 라마난다는 브람민이 아닌 사람은 제자로 받아들이지 않는 브람민이었습니다. 브람민이 아니었던 까비르는 라마난다만이 그의 스승이 될 자격이 있다고 확신하고는 그로부터 딕샤(입문)를 받기로 결정했습니다. 그러나 그가 바라는 입문을 받기 위해서는 라마난다를 속여 그에게 입문을 주도록 해야만 했습니다.

라마난다는 이른 아침 아직 어두울 때, 목욕을 하기 위해 바라나시에 있는 가뜨들에 가곤 했습니다. 까비르는 라마난다가 가는 길의 계단에 누워 있기로 하고, 라마난다가 우연히 그를 밟고 지나가기를 바랐습니다. 그는 이 우연한 접촉으로 그의 입문을 받으려 했습니다. 까비르의 계획은 적중해서 라마난다는 다음 날 새벽의 어둠 속에서 그를 밟았습니다. 라마난다가 그의 발밑에 있는 이 예상치 못한 물체를 밟았을 때, 그는 자연스럽게 "람, 람"이라고 말했습니다. 까비르는 '람'이라는 이름을 되풀이해 말하는 것을 입문으로 받아들였습니다. 그 순간부터 '람'이라는 이름은 항상 그의 입술과 마음에 있게 되었습니다.

까비르는 직업이 직공이었습니다. 가끔 그의 베틀의 실은 끊어졌고 그는 수선을 하기 위해 베 짜는 일을 멈추어야만 했습니다. 그는 이러한 수선이 많은 집중을 요하는 일이라는 걸 깨달았고, 그의 람 자빠의 흐름은 일시적으로 중단되거나 느려졌습니다. 그는 람에게 이 문제를 도와달라고 간청했습니다.

람은 그의 앞에 육체의 모습으로 나타나 말했습니다. "당신의 자빠를 계속 하시오. 내가 수선과 베 짜는 일을 해주겠소."

그리고 그런 일이 실제 일어났습니다. 작업을 하다가 실이나 직물이 끊어져 수선이 필요하면, 까비르는 그냥 그것을 무시하고 그의 자빠를 계속해 나갔습니다. 까비르가 자빠를 계속해 나가는 동안 람이 베 짜는 일이나 수선 작업을 했습니다. 까비르는 하루 24시간 무의식적으로 자빠를 계속 할 수 있는 지점에 이르렀습니다. 이런 단계에 이르면, 이름은 노래하는 사람의 의지가 없이도 스스로 노래하기 시작하고, 깨어 있음, 꿈, 잠의 세 가지 상태에서도 하나의 저류로서 계속됩니다.

이런 배경에도 불구하고, 까비르의 시에는 그가 람에 대한 이원성의 헌신을 초월해서, 이 이원적인 관계 너머에 있는 최종적인 해방의 경험을 얻었다는 것을 암시해 주는 몇 가지 예가 있습니다.

한 시에서 그는 말합니다. "까비르는 그가 람이라는 이름을 잊어버린 것이 잘된 일이라고 말한다. 그것은 일생 동안 나에게 매달려 있는 유령이었다. 이제 나는 자유롭다. 나는 나의 본성으로 되돌아갔다. 나는 이제 예전의 나다."

이것은 저에게 아주 분명해 보였지만, 까비르의 시들은 제가 읽기 힘든 옛날의 방언으로 적혀 있었습니다. 몇 명의 외국인과 함께 바라나시에 있을 때 저는 이 흥미로운 구절들에 새로운 빛을 비춰 줄 수 있는 전문가가 있는지 알아보려고 까비르 교단에 갔습니다. 저는 그곳에 있는 그들 모두가 박따란 걸 알았지만, 원래 단어가 의미하는 것에 대해 저에게 진정한 해석을 해줄 수 있는 누군가가 있을 거라고 생각했습니다.

수석 사제는 매우 나이가 많았습니다. 그는 90대 정도로 보였습니다. 제가 그에게 이 문제의 시에 대해 이야기했을 때, 그는 제가 언급하고 있는 시를 전혀 알지 못한다고 말했습니다. 하지만 그는 샤스뜨리 즉 학자가 있는데, 그가 교단에 있다고 말했습니다. 그는 이 사람이 아마도 저를 도와줄 수 있을 거라고 생각했습니다. 베나레스 힌두 대학의 학자 한 분도 그곳에 있었는데, 그는 힌디어로 출간할 책의 자료를 거기서 수집하고 조사하고 있었습니다.

저는 앞의 학자와 대학교수 두 사람에게 이 구절에 대해 말했는데, 그들은 그것을 이원적인 방법으로 해석하고 싶어 했습니다. 두 사람 모두 까비르가 그의 만뜨라를 뒤로하고 람 박띠를 초월했다는 것을 받아들이지 않았습니다. 그 의미는 저에게는 분명했지만 그들은 이원성의 해석으로 그것을 덮으려고 했습니다. 심지어 오스트레일리아에서 온 외국인들조차도 두 학자가 자신들이 선호하는 특정한 철학에 맞추기 위해 단어를 왜곡하고 있다는 것을 알 수 있었습니다. 그들은 이 학자들에 대해 불평을 했고, 그들의 해석에 대해 약간의 논쟁도 했습니다.

궁극적으로 사람은 참나에 도달해서 비이원적인 방법으로 그곳에 머물러야 합니다. 숭배하고 또 숭배 받는 두 개의 '나'는 있을 수 없습니다. 당신이 원한다면 참나를 '람'이라고 부를 수 있습니다. 그것이 당신의 목적에 도움이 되고 당신을 참나에 좀 더 가까이 다가가게 할 수 있다면, 그것에 원하는 어떤 이름을 붙여도 좋습니다. '참나'조차도 단지 하나의 이름일 뿐입니다. 그것은 이름이 가리키는 것의 실재가 아닙니다. 이 최종 목적지는 스스로의 이름이 없습니다. 당신은 어떻게든 그것에 대해 생각할 수도 느낄 수도 없습니다. 그것은 생각과 감정을 초월한 것입니다.

7

생각들 사이에 있는 생각 없음을 찾으십시오

(몇 개의 주소가 적혀 있는 옛날 일기장 가운데 한 권의 페이지를 넘기면서) 이 페이지는 뻔잡에서 발행되었던 옛 우르두어의 기사 속에서 나에 관한 이야기를 읽었던 사람이 전하는 내용입니다. 그 기사는 몇 년 전에 인쇄되었으나, 그 기사의 도움으로 그는 나를 찾아 라마나스라맘에 왔습니다. 사람들이 그에게 저의 주소를 알려 주었으며, 그는 마침내 저와 만나게 되었습니다. 이 언어는 페르시아어라서 저는 그 편지 내용을 번역하겠습니다. "이 사랑의 수업에는 매우 이상한 규칙이 있습니다. 자신의 공부를 다 마친 사람도 집으로 갈 수 없습니다."

이해하지 못하겠습니까? 일반적인 학교에서는 공부를 다 마치면 선생님은 당신에게 집으로 가도 좋다고 말씀하십니다. 이 사랑의, 즉 신성한 사랑의 학교에서는 당신이 그 과목을 완전히 통달했을 때도 학교에 남아 있어야 합니다. 나머지 생애 동안 당신은 결코 떠나는 것이 허락되지 않을 것입니다. 이것이 진실한 사랑을 가르치는 사랑의 학교에서 일어나는 일입니다.

결코 떠나고 싶지 않을 것입니다.

당신은 더욱더 열중하게 되고, 여기를 떠나 왔던 곳으로 돌아가지 않을 것입니다. 아주 좋습니다.

(다른 사람에게로 방향을 바꾸어) 당신은 명상을 하고 있습니까? 무엇을 명상해야 합니까? 어떤 종류의 지각이나 심지어 상상력 너머에 있는 것을 명상하십시오. 지각과 상상력 둘 다 너머에 있는 것을 명상하십시오.

상상이 끼어들면, 어떻게 해야 합니까?

그것이 바로 제가 말하고자 하는 바입니다. 상상 너머에 있는 것에 대해 명상하십시오. 어떤 지각이나 상상에 매달리는 것으로부터 마음을 자유롭게 하십시오.

예, 무슨 말씀인지 이해합니다. 과거가 끼어들어옵니다. 그러면 무슨 일이 일어납니까?

좋습니다. 과거는 들어옵니다. 당신이 명상을 하고 있는 동안, 과거는 들어옵니다. 그것은 생각의 모습으로 들어올 것입니다. 그렇지 않나요? 하나의 생각이 올 것이고, 다음 생각이 잇따라 오고, 그리고 일련의 생각 전체가 따라올 것입니다. 그것이 올 때 한 생각을, 첫 번째 생각을 선택하십시오. 저는 당신에게 상상에 관해서 명상하지 말라고 이야기하고 있지만, 그러나 이 상상은 여전히 오고 있습니다. 그 생각이 올 때, 잘 지켜보다가 그것에 무슨 일이 일어나는지 말해 보세요.

그것은 가 버립니다.

그래서 그것은 간단한 해결책입니다. 그 다음은 어떻습니까?

다른 생각이 그것을 대신합니다.

저는 당신 앞에 나타난 이 생각을 보라고 했고, 또 그것을 바라볼 때 무슨 일이 일어나는지를 물었습니다. 당신은 그것이 사라졌다고 말했습니다. 그 다음에는 다른 생각이 그것의 자리를 대신한다고 말합니다. 자, 첫 번째 생각이 사라지고 두 번째 생각이 나타나는 사이에는 얼마간의 간격이나 다소의 공간이 있음에 틀림없습니다. 이 빈 공간을 지켜보십시오. 첫 번째 생각이 멈추었고, 두 번째 생각은 아직 이르지 않았습니다. 이 공간을 지켜보세요. 빨리! 지금 그것을 하십시오! 시간을 소비하지 마십시오! 빨리 하고는 거기에 무엇이 있는지 말해 보세요.

아무것도 없습니다.

그것이 끝입니다. 다시 지켜보십시오. 이전의 생각은 가 버렸습니다. 그것이 사라진 곳을 지켜보세요. 그것의 사라짐을 지켜보세요. 그렇게 해야만 합니다. 반복해서 그렇게 하십시오. 그러면 당신은 그 게임을 승리로 이끌게 됩니다. 이것을 적절히 행하면 다른 생각들은 오지 않을 것입니다. 이 생각들은 양입니다. 도살자가 거기에 있다는 것을 알면, 그것들은 울면서 나오지 않을 것입니다.

이렇게 하는 것과 생각을 억누르는 것 사이의 다른 점은 무엇입니까?

이것은 억누르는 것이 아닙니다.

그러나 억누름과 억누름이 없는 것 사이의 다른 점은 무엇입니까?

저는 당신에게 억누르는 것을 허락하지 않습니다. 억누르는 것은 요가 수행자들을 위한 것입니다. 억누르는 것은 제가 가르치는 방법이 아닙니다. 저는 당신에게 오는 것은 무엇이든 수용하기를 가르칩니다. 만약 생각이 오면, 그것을 수용하십시오. 과정을 지켜보십시오. 생각은 당신의 내부에서 일어납니다. 그것을 수용하십시오. 이제 이 생각은 다른 생각들이 올 공간을 만들어 주기 위해 사라져야 합니다. 그것이 사라지도록 내버려두십시오. 그것을 잡으려고도, 억제하려고도 애쓰지 마십시오. 놓아주십시오. 생각이 사라지는 것을 지켜보고 있을 때, 그 사라지는 자리를 대신하고 있는 생각 없음을 자각하십시오. 이것에 어느 정도의 시간을 주십시오. 생각들 사이에 있는 생각 없음의 자리를 찾으세요. 이 생각 없음은 억누르는 것이 아닙니다. 그것은 당신의 본성입니다. 억누르는 길을 따라가면, 생각들에 말려들게 됩니다. 저는 이렇게 하지 말라고 하는 겁니다. 생각들은 왔다가 갑니다. 생각들이 사라질 때, 다음 생각이 일어나기 전의 그 빈 공간에서, 당신은 진실로 당신 자신입니다. 그것은 억누르는 것이 아닙니다. 당신 자신의 참나로 되돌아가는 것입니다.

그래서 이 방법에서 사람들은 누가 혹은 무엇이 생각을 하고 있는지를 찾아내려고 애쓰는 것이 아닙니까?

만일 생각들이 오면, 그 생각들이 오도록 하라는 것입니다. 그 생각들이 무엇이든, 그것들을 오게 내버려두십시오.

그것들이 오거나, 그것들이 무엇인가 하는 것은 문제가 되지 않습니까?

그것들이 무엇이든, 일어나게 내버려두세요. 그 생각들은 당신과 함께 놀려고 왔습니다. 그것들이 무엇인지는 중요하지 않습니다. 그것들이 와서 놀게 내버려두세요. 만약 당신이 축구나 테니스를 한다면, 당신은 그냥 놉니다. 당신은 잠시 뛰어다니면서 공의 이동을 즐깁니다. 그리고 끝이 납니다. 경기가 끝났는데도 테니스장이나 축구장에 남아 있는 사람은 아무도 없습니다. 모두 다 집으로 돌아갑니다. 승자도, 패자도 집으로 갑니다. 게임은 끝났고 모두들 흩어집니다.

누구나 텅 빔으로 돌아가야만 합니다. 이것이 휴식의 장소입니다. 이것은 당신의 본성의 자리입니다. 꼭 이것을 잊지 마세요. 이것들은 우리가 즐기도록 여기에 있습니다. 그것들을 즐기십시오. 그러고는 집으로 돌아가십시오. 그것들을 즐기지 말라고 누가 말합니까? 그러나 그것들이 당신으로부터 즐거움을 갖도록 하지 마십시오. 당신은 그것들을 즐길 수 있습니다만, 그것들이 당신을 즐기도록 해서는 안 됩니다.

평범한 생활 속에서 저와 같은 사람들이 매일 이런 종류의 명상 시간을 가져야 한다고 제안하시는 겁니까?

사람들은 늘 명상을 해야 합니다. 호흡할 때마다 매 순간 명상하십시오.

제가 걸어가고 있거나 앉아 있을 때도……

그렇습니다. 어떤 일이 일어나든지 명상하십시오. 앉아 있든, 살아 있든, 죽어 있든, 명상하십시오. 이제 당신은 그 다음의 너무도 명백한 질문인 '왜?' 하고 물어야 합니다. 당신이 묻기 전에 그 답을 드리겠습니다. "이것이 당신의 본성입니다. 이것이 당신의 본성입니다." 그 때문에 저는 매순간 매초마다 명상은 계속되어야 한다고 말합니다. 그것이 당신의 자연스런 상태입니다. 당신은 늘 자연스럽게 명상을 하고 있지만, 문제는 당신이 그것을 거부하고 있다는 것입니다.

왜요?

당신이 '나'를 볼 때, 당신은 명상에 있습니다. 당신이 '나'를 바라보지 않을 때, 당신은 자신이 명상하고 있는 것을 부정하고 있습니다. 누가 부정하고 있습니까? 부정을 하고 있는 것은 당신이 바라보지 않고 있는 '나'입니다. 이 '나'가 부정도 수락도 할 수 없도록 이 '나'를 단단히 붙잡으세요. '나'가 '나'가 아닌 때는 언제입니까?

그것이 저에게 아무런 문제를 일으키지 않을 때입니다. 그것이 저에게 아무런 문제를 일으키지 않을 때, '나'는 없습니다.

'나'는 항상 거기에 있습니다. 이 '나'는 당신의 진정한 본성입니다. 당신은 '나'로 돌아가기 위해 명상할 필요가 없습니다. 당신은 '나' 그 자체입니다.

그러나 그것이 고통을 일으킬 때는 그것은 참나가 아니지요?

참나는 고통을 일으키지 않습니다. 고통을 일으키는 것은 "나는 아무개이다."라는 자아입니다. 자아가 '아무개'라고 마음먹으면, 고통은 시작됩니다. 당신이 홀로 '나'일 때만, 고통은 없습니다. '나'가 '팀'이라는 사람이 되면, 고통은 시작됩니다. 당신은 아침에 일어납니다. 누가 일어납니까? 팀이 일어납니다. 아침의 첫 호흡은 팀을 일어나게 할 것입니다. 그 다음 모든 현상계가 일어나고, 동시에 그와 더불어 고통이 일어날 것입니다. '나'를 그 자체로 머물게 하면, 당신은 고통을 받지 않을 것입니다. 고통은 항상 과거에 속하는 다른 일들이나 다른 환경과 관련되어 있습니다. 고통은 과거와 연결되어 있습니다.

우리 대화의 처음 부분으로 돌아가 봅시다. 한 생각이 사라졌고, 그 다음 생각은 아직 일어나지 않았습니다. 만약 당신이 생각들 사이에 있는 그 간격을 보고 그 안에 머문다면, 어떤 종류의 고통이 거기에 끼어들 수 있겠습니까? 어떤 고통도 거기에 들어올 수 없습니다. 어떤 고통도 거기에서는 경험될 수 없습니다. 그냥 그것을 바라보세요. 여기에 주의를 기울이지 않기 때문에 우리는 고통을 받습니다.

8

이것은 깊이를 알 수 없는, 불가해한 바다입니다

자유는 욕망이 없는 상태이지만, 저는 가끔 당신이 자유를 체험했으면서도 보다 충분히 자유를 실현하려는 욕망이 있다고 말씀하시는 것을 들었습니다. 그러므로 이 상태는 완전히 욕망이 없는 것은 아닙니다.

아, 그것은 좋은 주제입니다. 우리가 논할 수 있는 주제는 아니지만, 그러나 여전히 그것은 좋은 주제입니다. 또한 주제가 너무 신성한 것이라 논의할 수 없지만, 그럼에도 불구하고 저는 여전히 그것을 좋아합니다.

(잠시 침묵)

저는 몇 가지 단어를 찾으려고 합니다. 저에게 몇 가지 단어를 찾을 잠깐의 시간을 주세요.

(또 한 차례의 긴 침묵)

당신의 말이 맞습니다. 욕망이 거기에 있습니다. 항상, 늘, 이 같은 끊임없는 욕망이 있습니다. 자유를 얻은 이후로도 욕망은 여전히 지속됩니다.

자유를 얻으면 마음에서 현상계를 지울 수 있습니다. 그 순간에 당신은 비현상계로 들어갑니다. 비현상계에서 이 욕망이 일어납니다. 그것은 너머의 것을 추구하고자 하는 충동입니다. 이것은 깊이를 알 수 없는 불가해한 바다입니다. 그것은 모든 개념의 너머에 있습니다. 그것은 의식 그 자체이고, 그 깊이를 측정해 본 사람은 아직 아무도 없습니다. 심지어 텅 빔 속에서도, 다시 말해 '비현상계'라고도 할 수 있는 이 상태에서도, 이 '비현상계'마저도 넘어서려는, 즉 이 자유를 넘어서려는 어떤 충동이 일어납니다.

당신이 자유를 얻으면, 당신이 얻은 것은 속박으로부터의 자유이고, 더 정확히 말하자면, 속박의 개념을 벗어나는 자유입니다. 왜냐하면 속박은 완전히 상상의 것이기 때문입니다. 어떤 사람은 자신이 속박되어 있다고 상상합니다. 다시 말해 끝없는 생사윤회의 삼사라에 속박되어 있다고 생각합니다. 그래서 그의 내부에서는 자유에 대한 이러한 욕망이 일어납니다. 자유는 아무런 실제의 존재를 가지지 않고 있는 속박을 파괴하는 것이 아니며, 그냥 속박이라는 개념을 파괴하는 것입니다. 속박은 하나의 개념입니다. 속박의 개념을 믿고 있는 한, 속박으로부터의 자유는 그것과 관련되어 있는 또 다른 개념이었습니다. 자유는 두 개념으로부터의 자유입니다. 그러나 삼사라의 윤회인 이 개념으로부터 자신을 자유롭게 하는 것만으로는 충분하지 않습니다. 아주 드물게는 이 자유 자체를 넘어서려는 욕망이 일어날 것입니다. 이것이 당신의 질문 내용인가요? 이것이 당신의 질문입니까? 당신은 자유를 뛰어넘는 방법에 대해 묻고 있습니까?

빠빠지, 저는 모르겠습니다. 저의 질문은 보다 더 단순한 곳에서 비롯된 것 같습니다. 단지 그것은……

예, 제가 이야기하고 있는 것도 바로 이 단순한 곳입니다. 거기에는 할 일이 아무것도 없습니다. 그것의 본성은 자발적입니다. 당신이 지금 있는 곳에서는 약간의 노력이 있을 수 있습니다. 왜냐하면 당신은 어떤 개념을 붙들고 있고, 또 그렇게 하려면 노력이 필요하기 때문입니다. 적절히 자유를 보호하지 않는다면 자유를 잃을지도 모른다는 근심 때문에 당신은 '자유'에 매달려 있는지도 모릅니다. "나는 이렇게 해서는 안 돼." 또는 "내가 그런 식으로 나아가서는 안 돼. 왜냐하면 그렇게 하면 이 자유를 잃을지도 모르기 때문이야."라고 생각할지도 모릅니다. 이런 상태에서는 두려움과 생각에 관련되어 있습니다. 그러나 당신이 자연스러운 상태로 돌아올 때, 거기에는 상실의 두려움도 없고, 더 많이 얻어야 한다는 생각도 없습니다. 그것이 '사하자 스띠띠sahaja sthiti'라고 부르는 자발적인 상태입니다. '사하자'는 '자연스러운'이라는 의미이고, '스띠띠'는 '상태'라는 의미입니다.

자유를 향한 욕망으로 자유를 얻을 수 있지만, 일단 그 자유를 얻고 나면, '당신'은 그림 바깥에 있습니다. 남아 있는 사람이 없으면, 욕망을 가질 수 있는 사람도 없습니다. 그래서 이 욕망이 이 자유의 상태에서 일어날 때, 즉 당신을 훨씬 더 멀리까지 데려다 주고 싶은 이 욕망이 일어날 때, 그것은 개인적인 욕망이 아닙니다. 당신은 그 욕망과 관련되어 있는 것이 아닙니다. 그것은 내부로부터, 다시 말해, 내부 그 자체로부터 일어납니다. 그것은 그 자체 안에서, 그 자체를 위해, 그 자체에게로의 드러냄입니다. 당신은 그것을 '계시revelation'라고 부를 수 있겠지만, 저는 여기에 꼭 맞는 단어를 실제로 생각할 수 없습니다. 그 계시 안에서 모든 것이 밝혀질 것입니다. 당신은 숨겨진 비밀들을 알 것입니다. 이 욕망은 그 비밀을 알게 해주고 그것이 무엇인지를 보여줄 것입니다.

(새로운 질문자) 저는 이곳에 처음 왔습니다. 이 귀중한 순간들을 제가 가장 잘 활용할 수 있는 방법에 대하여 어떤 조언이라도 좀 해주시겠습니까?

질문이 일어나지 않게 하는 것이 이 시간을 가장 유용하게 사용하는 것입니다. 이 '귀중한 순간'을 홀로 내버려두세요. 그 안에서 어떤 것도 일어나게 하지 마십시오. 그것은 어떤 오점도 없습니다. 그것은 어떤 종류의 기만에 의해서도 오염되어서는 안 됩니다. 그것은 '이런 식' 또는 '저런 식'이 되어서는 안 됩니다. 그것은 어떤 오점도 없으며, 너무나 순수하며, 너무나 깨끗하여, 그 무엇도 그것을 침범할 수 없습니다. 그것을 홀로 두십시오.

그것은 당신 자신의 참나입니다. 그것은 낯선 이가 아닙니다. 그것은 당신 자신의 존재이며, 당신 자신의 참나입니다. 당신이 어떤 조언을 원한다면, 저는 조언을 줄 것입니다. 그 안으로 뛰어드십시오. 당신은 그 안으로 뛰어들어야 하며, 그래서 처음이자 마지막으로 그것과 하나가 되어야 합니다. 바로 지금 조언을 주는 자와 조언을 구하는 자가 강둑에서 말하고 있습니다. 둘 다를 내려놓고, 강물 속으로 뛰어드십시오. 단호하고, 진지하고, 정직한 욕망만으로도 이렇게 하기에 충분합니다.

단호한?

단-호-한. 뉴질랜드에서는 이 단어를 사용하지 않습니까?

예, 아주 많이 사용합니다. (웃음) 하지만 그 생각을 썩 좋아하진 않아요. '단호한'이란 말은 '잘 훈련된 방식으로'라는 것을 의미합니까?

이것을 얻고 싶으면, 그것을 얻으려는 단호한 욕망을 가지십시오. 당신은 어떤 훈련을 원합니까? 모든 훈련을 던져 버리십시오. 훈련들은 제가 이야기하고자 하는 바와 반대가 되는 것입니다. 안으로 들어가서, 신부의 손을 잡으십시오. 어느 누구의 말도 듣지 마십시오. 이 다른 모든 것들은 당신의 마음속에 있습니다. 당신의 다른 모든 프로그램을 취소하십시오. 이것이 당신이 가져야만 하는 단호한 욕망입니다. 그렇게 한번 해보십시오. 그것이 당신에게 필요한 모든 것입니다. 어느 환생에서든 그렇게 한번 해보십시오. 당신은 지금 바로 이 질문을 일으키고 있는 이 시점에 도달하기 위하여 이미 3천5백만 년을 보냈습니다. 충분한 시간입니다! 충분하다마다요! 당신은 이 욕망을 일으키기에 아주 상서로운 탄생인 인간의 몸으로 태어났습니다. 당신은 좋은 환경에 태어났습니다. 이러한 욕망을 가질 수 있는 나라에서 말입니다. 이러한 욕망을 가질 수 없는 장소들이나 나라들도 많습니다.

어떤 곳에서는 이와 같은 것들을 이야기하면 당신을 돌로 쳐 죽일 것입니다. 이 세상에는 대중들 앞에 서서 "나는 자유를 원한다."라고 말하는 것이 금지되어 있는 지역들도 있습니다. 이것을 허용하지 않는 나라들도 있고, 이것을 허용하지 않는 종교들도 있습니다. 당신은 행운아입니다. 당신은 이와 같은 것을 생각할 수 있도록 해주는 독립된 국가나 사회에 태어났습니다. 당신의 부모도 그것을 허락했고, 당신 자신도 이러한 욕망을 따르도록 허락했습니다. 당신이 여기에 오기까지는 얼마나 상서로운 일들이 잘 어울려 일어났겠습니까! 당신은 산더미 같은 많은 공덕을 쌓았습니다. 그 밖의 어떤 것도 필요치 않습니다. 충분합니다!

자유를 향한 이 욕망은 산더미만큼 많은 공덕을 쌓았을 때만 올 것입니다. 이 다량의 공덕을 얻은 후에라야, 오직 그때라야 이 욕망이 일어날 것입니다. 자, 이 욕망이 일어나면, 조용히 지켜보십시오. 그것이 전부입니다. 그렇게 실천하십시오. 이 욕망이 일어날 때는 기다리고, 지켜보고, 그리고 방심하지 마십시오. 그것이 당신이 해야 할 전부입니다. 직접 해보고, 그 결과를 저에게 말해 주십시오. 자신으로 계십시오. 잠시 기다려 보십시오. 오직 잠깐만 기다리며 지켜보십시오. 그것이 당신이 해야 할 전부입니다.

자유는 모든 도덕들과 훈련들에서 떨어져 있습니다. 도덕들과 훈련들은 천국이나 지옥을 약속하고 당신을 두려움 속에 살게 만드는 종교의 것입니다. 율법을 지키지 않으면 지옥에 갑니다. 율법을 지키면 천국에 갑니다. 그리고 어떤 종류의 천당이 약속되어 있습니까? 곧 술, 여자 등과 같은 즐거움입니다. 이런 것들은 당신을 믿게 만들기 위해 그들이 내놓는 약속들입니다.

9

집중과 명상의 행위는 발자국을 남깁니다

저는 불교의 배경을 가지고 있습니다. 붓다의 가르침을 종교라고 하시
겠습니까?

불교는 사실 '깨달음'을 뜻합니다.

그래서 불교가 어떤 점에서 타락되었다고 생각하시는지요?

그렇게 생각합니다. 붓다 자신은 깨달음을 가르쳤습니다. 그는 깨
달음을 얻기 위해 많은 수련을 하면서 여러 해 동안 노력했습니다. 결
국 그는 모든 수련을 물리치고 난 뒤에 스스로 그것을 발견했습니다.
그는 수련이 요구되는 모든 곳으로 갔습니다. 그리고 그 수련들을 하

나씩 거부했습니다. "이것은 길이 아니다. 이것은 내가 찾고 있는 것이 아니다." 그는 만나는 모든 것을 거부하면서 계속 나아갔습니다. 마침내 그는 그냥 나무 아래 앉아서 스스로 깨달음을 얻었습니다. 그가 거기서 어떤 규칙들을 따랐습니까? 그는 그저 자유에 대한 진지한 갈망을 가졌을 뿐입니다. 그 이상의 것은 없었습니다. 원하신다면 이것을 하나의 수련이라고 부를 수도 있습니다. 저는 그저 그것을 자유에 대한 강한 갈망이라고 부를 뿐입니다.

과거가 현재를 방해하게 하지 마십시오. 이 현재의 순간을 바라보십시오. 과거에 대한 그 어떤 생각도 끼어듦이 없이 이 현재의 순간에 있으십시오.

과거를 지나가 버리게 하라는 말씀입니까?

어제 이것에 대해 이야기했습니다. "하나의 생각, 당신 앞에 나타나는 어떤 생각이든 바라보고 무슨 일이 일어나는지 말해 보십시오."라고 저는 말했습니다. 생각은 과거로부터 옵니다. 생각을 과거로부터 오도록 놔두십시오. 그것을 바라보십시오. 그러면 그것은 사라질 것입니다. 당신은 직접 해보고, 그렇다고 말했습니다. 과거가 사라지면 사라짐이 남습니다. 이제 그 사라짐을 바라보십시오.

감사합니다.

그것이 바로 당신이 해야 할 모든 것입니다. 그것은 단순한 작업입니다. 하나의 생각이 옵니다. 그것을 바라보십시오. 찾아온 마지막 생각을 바라보십시오. 당신은 이렇게 했습니다. 그러고는 그 생각이 사라졌다고 말했습니다. 생각이 와서 잠시 머물렀으며, 당신은 그것을 바라보았습니다. 그리고 그것이 사라졌지요. 거기까지는 아주 분명했습니다. 이제 남아 있는 것이 무엇입니까? 사라짐이 거기에 있습니다. 왜냐하면 당신은 더 이상 그 생각을 볼 수 없기 때문입니다. 생각이 사라지고 텅 빔이 거기에 있습니다. 이제 당신은 텅 빔을 바라보아야 합니다.

하나의 대상이 거기에 있었습니다. 하나의 생각이라는 대상이 말입니다. 당신이 그 대상을 바라보았으며 그것은 떠났습니다. 좋습니다. 그것은 사라졌습니다. 이제 그 대상은 없습니다. 그 부재를 바라보십시오. 텅 빔 자체를 바라보십시오. 텅 빔만이 있으므로 다음 생각은 일어나지 않을 것입니다.

그냥 순간적인 자각만이 있습니다.

그래요, 당신은 그것을 '순간적'이라고 할 수 있습니다. 저는 이 '순간적'이라는 말을 좋아합니다. 그것은 정말 좋은 말입니다. 이제, 순간적인 자각이 있습니다. 그냥 자각이지요. 우리는 이 자각을 다룰 것입니다. 하나의 생각이 사라지고, 텅 빔도 사라지고, 자각만이 있습니다. 자각이 지금 있지요.

그 다음에는 또 다른 생각이 들어옵니다.

아니! 아닙니다! 이제 바로 처음부터 다시 시작해야겠군요. 이것을 끝없이 되풀이하지는 맙시다. 하나의 생각이 왔고, 당신은 그 생각을 바라보았으며, 그것은 사라졌습니다. 그리고 당신은 그 사라짐을 바라보았지요. 그 다음에 당신은 '순간적인 자각'이 있다고 말했습니다. 이제 이 순간적인 자각에서부터 해나가겠습니다. 이 자각이 있을 때 어떻게 다른 생각이 올 수 있습니까?

'부단한 동일시에 의해서'라고 말할 수 있겠지만, 잘 모르겠군요.

당신은 "나는 모른다."고 말합니다. 어떤 다른 아는 자, 자각을 아는 자는 있을 수 없습니다. 그 자각을 아는 어떤 다른 자각은 있을 수 없습니다. 하나의 자각으로 충분합니다. 다른 자각으로 목격되는 자각이 있습니까? 저는 이것이 이치에 맞지 않다고 생각합니다. 태양을 보기 위해 또 다른 태양이 필요합니까? 태양이 어디에 있는지 보기 위해 양초를 켜 들고 있을 필요가 있습니까? 이 태양은 빛 그 자체이기 때문에 당신은 그렇게 할 필요가 없습니다. 다른 것을 보기 위해서는 태양의 빛이나 어떤 인공적인 빛이 필요하지만, 태양 자체는 다른 빛으로 조명 받을 필요가 없습니다. 그것은 빛 그 자체입니다. 자각은 그와 같은 것입니다. 자각을 자각하기 위해 다른 어떤 것도 필요하지 않습니다. 자각은 그 스스로 자각하고 있습니다. 자각을 자각할 수 있는 것은 그 밖의 아무것도 없습니다.

자각하기 위해서는 어떤 노력도 요구되지 않습니까?

자각하기 위해 어떤 종류의 노력이 요구됩니까?

그것에 집중할 필요가, 어떤 식으로든 거기에 주의를 기울일 필요가 없을까요?

집중은 가상의 어떤 것을 알 필요가 있을 때 요구됩니다. 어떤 것을 상상할 필요가 있을 때, 그때 당신은 집중해야 합니다. 바로 지금, 저는 당신 앞에 앉아 있습니다. 당신의 눈은 저를 바라보고 있습니다. 당신은 아무런 노력이나 집중이 없이 이 눈을 통해 바로 저를 볼 수 있습니다. 저를 보기 위해 엄청난 노력의 집중을 할 필요가 있습니까? 그냥 저를 바라보십시오. 그렇게 하는 데 얼마나 많은 노력이 필요합니까?

예, 알겠습니다.

저를 바라볼 때 당신은 얼마나 많은 집중을 이용하고 있습니까? 얼마나 많이?

자각에서 오는 집중이 있습니다.

아닙니다. 저를 보십시오. 저는 지금 이 대상, 제 안경을 바라보고 있습니다. 이 안경을 보기 위해 제게 얼마나 많은 집중이 필요합니까?

안경을 보고자 하는 욕망, 의도가 필요합니다. 이 바라봄이 일어나기 전에 어떤 생각이 일어나야만 합니다.

안경을 바라보고자 하는 저의 의도는 더 이상 없습니다. 이제, 자각만이 있습니다. 이제, 안경을 바라보는 눈만이 있습니다. 저의 눈이 있습니다. 눈이 사물을 바라보고 있지요. 아무런 욕망이 없이 바라보기 위하여 무슨 명상이 필요합니까? 무슨 명상이? 무슨 집중이? 만일 보고 싶은 어떤 것을 상상하고 싶다면, 그때는 어떤 집중이 필요할 것입니다. 당신은 눈을 감고, 마음의 모든 에너지를 당신이 집중하고 있는 것의 이미지로 모아야 할 것입니다. 그러나 직접적인 봄을 위해서는 이것이 전혀 필요하지 않습니다. 당신은 그냥 보는 것이지요.

이 자각은 볼 필요조차 없습니다. 당신은 그 방향으로 눈을 돌릴 필요도 없습니다. 이 자각은 보는 행위 이전에도 있습니다. 사실, 보고 싶을 경우에는, 그 자각이 눈을 활성화시켜 그 눈으로 하여금 대상들을 등록하게 만들 필요가 있습니다. 눈을 통해 보기 위해서도 자각이 필요합니다. 왜냐하면 이 바라봄은 마음과 감각의 활동이기 때문입니다. 마음과 감각들 사이에는, '나'와 대상 사이에는 상호작용이 있습니다. 이것을 위해서는 어떤 작은 미묘한 노력이 요구되지만, 그저 자각하기 위해서는 노력이 전혀 요구되지 않습니다.

이 자각을 알거나 찾기 위해서는 조금 집중할 필요가 있다고 당신은 말합니다. "나는 이 자각에 집중함으로써 그것을 알 것이다."라고 당신은 생각하고 있습니다. 자각이라고 부르는 이것에 집중하고 싶다면, 집중을 하기 위해 이용해야 할 것은 자각 그 자체입니다. 자각은 마음을 활성화시켜 그것을 특정한 방향으로, 당신이 명상하고 있는 대상 쪽으로 향하게 할 것입니다.

"나는 세상에서 모든 활동을 이행하고 있다."고 당신은 생각하지만, 사실은 이 모든 활동을 지탱하고 있는 것은 바로 이 자각입니다. 이 모든 것이 자각 속에서 진행되고 있으며 자각에 의해 지탱된다는 것을 이해하기만 하면, 당신은 이 세상의 모든 활동에서 자유로워집니다. 마치 당신이 일들을 하고 있는 것처럼 보일지 모르지만, 당신은 하고 있지 않으며 당신도 그것을 압니다. 모든 것을 하고 있는 것은 바로 이 자각이라는 것을 알고 있는 것이지요.

모든 활동을 행하는 것이 바로 자각이며 '당신'이 아니라는 것을 알 때, 당신의 기억 속에는 아무런 발자국이 없을 것입니다. 당신은 더 이상의 쁘라랍다를 축적하지 않을 것입니다. 또 다른 탄생을 일으킬 수 있는 더 이상의 까르마가 없을 것입니다. 이것이 바로 삼사라를 끝내는 방식입니다.

집중과 명상의 활동은 발자국을 남깁니다. 당신은 그것들로 기억을 만들며, 이 기억들이 삼사라입니다. 당신은 까르마를 축적할 것이며, 이 까르마는 당신의 재탄생으로 귀결될 것입니다. 그것은 결코 끝나지 않는 순환이며, 그것 모두는 당신이 창조한 것입니다. 그것은 자각하고 있다면 어느 때든 저지될 수 있습니다. 왜냐하면 그 자각 속에서는 모든 것이 불처럼 타 버릴 것이기 때문입니다.

진정한 당신으로 되돌아와야 합니다. "나는 자각이다."로 돌아간다면, 모든 것이 와해됩니다. 현상계와 삼사라의 모든 게임이 와해되지요. 이것이 일어날 때, 이것을 자유라고 합니다. 그러므로 그것을 달성하기 위해 어떤 노력도 할 필요가 없다고 저는 말합니다. 그것은 당신이 하거나 말하는 모든 것을 지탱하면서 내내 거기 있습니다.

예리한 이해력, 아주 날카로운 이해력을 가지고 있는 사람들은 그 것을 얻을 수도 있습니다. 어떤 사람들은 이해할 것이며, 어떤 사람들 은 결코 이해하지 못할 것입니다. 어떤 사람은 한 순간에, 손가락으로 딱 소리를 내는 순간에 이해할 것입니다. 그것은 1초의 60분의 1도 아 닌, 시간을 벗어나 있는 한 찰나일 것입니다. 그 자각은 항상 거기에 있지만, 누가 그것을 보겠습니까? 이것을 위해서는 시간이 필요하지 않습니다. 자각을 알기 위해 왜 시간이 필요합니까? 어떤 사람은 그것 을 한 순간에 볼 수도 있습니다. 어떤 사람은 여러 해가 걸릴 수도 있 습니다. 어떤 사람은 일평생이 걸릴 수도 있고 또 어떤 사람은 3천5백 만 년 동안 노력해 오고 있기도 합니다. 어떤 사람은 스승에게서 한 마 디만 듣고서 단박에 보고 이해합니다. 스승이 주는 한 마디로 모든 것 이 끝나는 것이지요. 이런 일이 어떻게 일어나는지, 그리고 그것이 무 엇에 달려 있는지 저는 모릅니다. 그것이 바로 제가 아무런 전제조건 들을 정하지 않는 이유입니다. 저는 당신에게 도덕적인 규칙들을 주지 않습니다. 그것은 종교들이 하지 않습니까? 저는 "아무 수련도 필요 없다."고 말합니다. "요가도 필요 없다."고 말합니다. 아무 데도 갈 필 요가 없습니다. 교회에 가거나 성지들을 순례하거나 성수에 몸을 담글 필요가 없습니다. 이런 것들 중 그 무엇도 당신을 도와주지 않을 것입 니다. 당신은 히말라야에 갈 수도 있습니다. 어떤 성지든 갈 수 있습니다. 어떤 신에게든 갈 수 있습니다. 그러나 이런 것들 가운데 그 무엇도 당신을 도와주지 않을 것입니다. 저는 이것에 대해 매우 확신하고 있습니다. 당신은 자신의 참나를 대면해야 합니다.

이것을 무시하고 싶다면, 그 대신에 머리 넷 달린 하늘의 브람마를 보러 갈 수도 있습니다만, 그 자신이 구속되어 있기 때문에 그는 당신을 도와줄 수 있는 어떤 일도 할 수 없습니다. 그 스스로가 해방을 기다리고 있습니다. 모든 신들은 그들 자신의 해방을 기다리고 있습니다. 최고의 신, 최고의 장소, 최고의 교회, 최고의 사원, 이 모든 것은 당신에게 아주 가까이 있습니다. 어려움은, 그것들이 너무 가까이 있어 보지 못하기 때문에 생깁니다. 그것들이 너무 가깝기 때문에 당신은 주의를 기울이지 않습니다. 그것이 당신에게는 너무 쉬운 것이지요. 당신은 그것이 문제가 되기를 원합니다. 당신은 탐구하면서 어떤 어려움을 바라지만, 당신이 찾고 있는 것은 내내 거기에 있습니다. 그것은 당신의 호흡 뒤에 숨어 있습니다. 그것을 지금 바라보십시오. 호흡이 어디에 자리하고 있습니까? 당신 자신의 호흡은 당신에게서 얼마나 멀리 떨어져 있습니까? 그것은 망막 뒤에 숨어 있습니다. 그냥 안으로 돌아서서 망막 뒤를 바라보면서, 눈에 빛을 주고, 눈에 볼 수 있는 힘을 주는 그곳을 보십시오. 그 누구도 결코 이것에 대해 이야기하지 않습니다. 전에 어느 누구도 당신에게 이것을 말해 주지 않았습니다. 망막이 현상계 전체를 볼 수 있는 힘을 얻는, 망막 뒤의 한 장소가 있습

니다. 그것이 바로 당신이 알 필요가 있는 모든 것입니다. 그냥 거기를
바라보십시오. 요가, 얏나yajna, 기도, 자선, 성지순례, 성수 목욕 등으
로는 결코 그것을 달성할 수 없습니다. 제가 이야기하고 있는 이곳이
성스러운 곳들 중에서 가장 성스러운 곳입니다. 그 안에서 한 번 목욕
하는 것으로 모든 것이 충분합니다. 그렇다면 그 목욕이 무엇일까요?
바로 이 성스런 목욕은, 생각이 없어 더 이상 오염시키지 않을 때 이루
어집니다. 이 갠지스 강에서, 이 성스러운 물에서, 생각이 들어오지 못
하는 이곳에서 목욕하십시오.

(새 질문자) 당신은 붓다에게서 무엇을 배우셨습니까? 그는 당신에게
무엇을 가르쳐 주었나요?

그는 저에게 아무것도 가르치지 않았습니다. 저는 그에 대해 역사
책에서 읽었을 뿐입니다. 제가 8학년 때였으니 아마도 열세 살이었을
겁니다. 저는 그의 사진을 보고 바로 그와 사랑에 빠졌습니다. 그렇게
아름다운 사람을 전혀 본 적이 없었지요. 저를 사로잡은 것은 바로 아
름다움이었습니다. 그것은 전통적인 아름다움이 아니었습니다. 왜냐
하면 그 사진은 붓다가 단식 고행을 하던 때의 모습이었기 때문입니
다. 그는 너무 말라서 뼈가 몇 개인지 셀 수 있을 만큼 피골이 상접했습
니다. 이것이 그때 제가 가진 아름다움의 개념이었으며 저를 매혹했던

것입니다.

저는 혼자 생각했습니다. "이 사람은 아주 잘생겼어. 이 사람은 정말 아름다워." 하지만 저는 그가 무엇을 하고 있는지 몰랐습니다. 그가 왜 뼈가 앙상한 채 가부좌를 틀고 앉아 있는지 몰랐습니다. 그의 몸은 죽은 것 같았습니다.

저는 이 사진을 아주 많이 사랑했습니다. 그리고 거기에 그려져 있는 이 사람처럼 되기 위해 노력하려고 결심했습니다. 그가 무엇을 하고 있는지, 혹은 그가 왜 그렇게 하고 있는지 몰랐으므로, 제가 그를 흉내 낼 수 있는 유일한 길은 붓다처럼 야위는 것이었습니다. 그래서 집에서 먹는 것을 그만두었습니다. 어머니에게서 음식을 받으면 그것을 가지고 거리로 나가 개들에게 주곤 했습니다. 저는 제가 사랑에 빠진 이 사람처럼 야위기를 원했습니다. 두세 달 동안 이렇게 해나가면서 저는 줄곧 점점 더 야위어 갔습니다. 제 급우들도 제가 사진 속의 붓다처럼 앙상한 뼈를 드러내기 시작하는 것을 알아채고, 저에게 '붓다'라는 별명을 지어 주었습니다. 그들도 역사책에서 이 사진을 보았기 때문입니다.

일단 야위자 저는 붓다를 흉내 내기 위한 새로운 방식들을 찾았습니다. 그가 눈을 감은 채 가부좌로 앉아 있는 것을 보고 저도 그렇게 하기 시작했습니다. 저는 명상이 무엇인지 몰랐습니다. 명상이나 집중 또는 해탈에 대해서는 아무것도 배우지 않았습니다. 이런 개념들 가운데 그 무엇도 전혀 접해 본 적이 없었습니다. 그래서 붓다가 무엇을 하고 있었는지 이해하지도 못하면서 그냥 눈을 감고 가부좌로 앉아 있기 시작했습니다.

그 다음에는 더욱 붓다처럼 보이기 위해 옷을 바꿔야겠다고 결심했습니다. 그가 가사를 입고 있었으므로, 저도 가사가 있어야 했지요. 저는 어머니의 사리 하나를 훔쳐 종이에 싸서 숨긴 뒤 아무도 보고 있지 않을 때 거리에서 그것을 입었습니다. 이때쯤 저는 붓다의 생활 방식에 대해 조금 더 많이 배운 상태였습니다. 그가 음식을 탁발했으며 대중 앞에서 설법을 했다는 것을 알고 저도 그렇게 하기 시작했습니다. 어머니의 사리를 입고 모든 대중 집회가 열리는 곳인 리얄뿌르의 시계탑으로 가서, 거기서 설법을 하곤 했습니다.

한 이웃 사람이 저를 발견해서 제 어머니에게 제가 무엇을 하고 있었는지를 말해 주었습니다. 어머니는 이 이웃 사람이 와서 말해 줄 때까지는 제가 무엇을 하고 있었는지를 몰랐습니다. 어머니가 알게 되자 저는 사리를 돌려드리고 붓다를 흉내 내던 이 모든 활동을 그만두어야 했습니다.

이 모든 갈망과 활동들은 어디서 왔을까요? 그 누구도 제게 붓다에 대해 아무것도 말해 주지 않았습니다. 그러한 생각들이 제게서 어떻게 생겼을까요? 저는 어떤 수행도 행하고 있지 않았습니다. 이 모든 것은 저절로, 자연스럽게 왔습니다. 이 모든 것을 함으로써 무엇인가를 성취하고자 하는 욕망은 없었습니다. 그런 욕망조차도 없었지요. 저는 그냥 이 사람과 사랑에 빠진 것뿐입니다. 그게 다입니다.

10

이 모든 믿음을 가지고 있는 자아를
탐구의 주제로 선택하지 않는다면,
당신의 믿음들을 조사하고 분석하는 것은
도움이 되지 않을 것입니다

특정한 믿음들과 느낌들을 다루는 것이 행여 쓸모 있습니까? "누가 이
것을 믿고 있는가?" 또는 "누가 이것을 생각하고 있는가?"라고 묻는
것과 반대로, 이런 믿음들과 느낌들을 바라보고 분석하는 것이 말입니
다. 특정한 믿음들을 다루는 것이 행여 실제로 소용이 있을까요?

당신의 믿음들은 모두 "나는 행위자다."라는 관념 위에 있는 것입니
다. 그 관념이 있는 한, 당신은 믿음들과 느낌들을 가질 것입니다. 이
행위자는 자아입니다. 자아는 "나는 이것을 하고 있어. 나는 이것을 생
각하고 있어. 나는 그것을 믿고 있어."라고 말하는 개체입니다.

일어나는 첫 번째 믿음은 "나는 몸이야."라는 관념입니다. 그것은 그저 하나의 믿음, 하나의 관념일 뿐입니다. 어느 누구도 "나는 자각이야."라고 생각하거나 믿지 않습니다. 그 누구도 이처럼 이야기하지 않습니다. 대신에 모든 사람은 "나는 몸이야."라고 말합니다. 모든 것은 이 몸이라는 관념에서 시작됩니다. 당신이 '나'라고 말할 때, 당신은 언제나 이 몸을 가리키고 있습니다. 자각을 일컫는 것이 아니지요. "나는 그것을 했어. 나는 이것을 하고 있어. 나는 그것을 할 거야."라고 말할 때, 당신은 몸의 활동들을 가리키고 있습니다. 그리고 "이 사람은 내 친척이야." 또는 "이 사람은 나와 관련이 있는 사람이야."라고 생각할 때, 이것은 당신이 생각하고 믿는 어떤 것입니다. 왜냐하면 당신은 자신이 몸이라고 가정하기 때문입니다. 당신이 자신과 세상에 대해 가지고 있는 모든 관념들은, 자신이 몸이라거나 몸 안에 있다는 이 확신을 그것들의 뿌리로 가지고 있습니다. 일단 이 믿음이 자리 잡으면, 그것이 도전받지 않을 경우에, 당신은 이 거짓된 관념을 자신의 토대로 삼아 살고 분별하기 시작할 것입니다. 이것은 무지입니다. 당신이 이야기하고 있는 이런 '특정한 믿음들'을 조사해 들어가기 위한 근거로서 당신이 사용하기를 원하는 것은 바로 이 무지입니다.

이 모든 동일시들, 그리고 그것들과 함께 하는 모든 것은 무지한 사람들을 위한 것입니다. 모든 책들과 모든 수뜨라들은 지혜로운 사람들이 아니라 무지한 사람들을 위한 것입니다. 수행은 똑같은 이들 무지한 사람들을 위한 것입니다. 당신이 누구인지 일단 깨달으면, "나는 자각이다. 나는 입고 있는 옷들이 아니다."라고 올바로 동일시를 하기만 하면, 그때는 다른 모든 것이 사라질 것입니다. 그것들은 그냥 붕괴될 것입니다. "나는 내가 입고 있는 티셔츠나 다른 어떤 옷이 아니다."라는 것을 알기만 한다면, 당신은 "나는 자각이다."라는 것을 알게 될 것입니다. 그러나 그렇지 않고 당신이 몸이 된다면, 당신은 고통을 겪어야 합니다.

이 잘못된 동일시는 엄청난 고통스러운 결과들을 맞습니다. "나는 몸이야."라는 믿음이 당신의 생각들과 행위들의 근거일 때 현상계가 일어나며, 그리고 그것이 거기 있는 동안, 그것은 당신의 현실이 될 것입니다. 지옥이 거기에 있을 것입니다. 천국이 거기에 있을 것입니다. 신들이 거기에 있을 것입니다. 종교들이 거기에 있을 것입니다. 당신이 몸이라고 생각하는 한, 이 모든 것은 당신에게 참된 것이요 실재일 것입니다.

이 모든 믿음을 가지고 있는 자아를 탐구의 주제로 선택하지 않는다면, 당신의 믿음들을 조사하고 분석하는 것은 도움이 되지 않을 것입니다. 이 자아를 바라보십시오. 그것이 당신에게 우주 전체를 만들게 하지 마십시오. "나는 이 몸이야."라고 생각하는 대신에, 자기 자신에게 "나는 의식이야."라고 말하십시오. 둘 중에서 하나의 선택을 해야 합니다. 어느 곳으로부터 삶을 살려고 하는지를 선택해야만 합니다.

자아로부터인지 의식으로부터인지 말입니다.

당신이 삶에서 하는 모든 일을 하기 위해서는 의식이 필요하지만, 당신은 의식에 무지합니다. 당신은 행위자인 자아에게 맡기며, 또 자아가 당신이 하기로 결심하는 모든 행위를 행해야 한다고 생각합니다. 이것은 무지입니다. 그것은 스크린 위에 나타나는 모든 그림들과의 동일시입니다. 모든 그림들이 투사되는 바탕인 스크린과의 동일시가 아니지요. 당신은 스크린 위에 투사되는 그림들을 보면서 "이것이 나야. 이것이 나인 존재야."라고 말하고 있습니다. 스크린 그 자체, 즉 의식은 스크린 위에 나타나는 모든 그림을 지탱하는 토대입니다. 당신은 그 스크린이지, 그 위에 나타나고 사라지는 모든 이미지들이 아닙니다. 스크린은 그 위에 나타나는 모든 이미지들에 의해 절대 접촉되지 않고 영향을 받지 않습니다. 당신은 "이 이미지가 나야."라고 말함으로써 이런 그림들 가운데 하나와 동일시하고 있으며, 일단 이렇게 하면 당신은 그 그림이 어떤 드라마에 관련될 때마다 고통을 겪습니다.

전쟁들은 계속되고 있습니다. 로맨스들은 계속되고 있습니다. 춤들은 계속되고 있습니다. 이 모든 것들은 스크린에 투사되고 있습니다. 만일 자신이 몸, 즉 스크린 위에 투사되고 있는 이런 이미지들 가운데 하나라고 생각한다면, 당신은 이 스크린과 같은 몸이 겪고 있는 모든 것들과 자신을 동일시할 것이지만, 자신이 스크린, 즉 그 안에 나타나는 모든 그림들에 영향 받지 않는 자각이라는 것을 알 때, 당신은 더 이상 고통을 겪지 않을 것입니다.

이 자각인 빛은 이런 그림들 가운데 어느 것에 의해서도 영향을 받지 않습니다. 그것들은 거기 있을 수도 있고 없을 수도 있습니다. 그것은 자각에게는 아무런 차이를 만들지 않습니다. 그것은 이런 이미지들의 행위들에 영향을 받지 않으며, 그것들이 거기에 전혀 있지 않다 해도 마찬가지로 영향을 받지 않습니다. 우리는 명상할 수도 있지만, 빛은 이것에 의하여 영향을 받지 않습니다. 우리는 이야기할 수도 있지만, 빛은 영향을 받지 않습니다. 우리는 잠잘 수도 있지만, 빛은 영향을 받지 않습니다. 이 빛, 이 의식은 내내 거기에 있습니다. 이것은 이미지들이 나타나게 만들며 또한 그것들이 서로 상호작용하게도 하는 힘이지만, 당신은 이것을 자각하고 있습니다. 왜냐하면 "나는 이 모든 것들에 관계하고 있는 몸이야. 나는 이 몸이 무엇을 할 것인지를 결정하는 당사자야."라는 이 완고한 확신을 가지고 있기 때문입니다.

우리는 태양의 빛을 통해 서로를 보지만, 서로를 바라보면서 상호작용하기에 너무 바빠서 태양이 있기 때문에만 이것이 가능하다는 것을 잊고 있습니다. 마찬가지로, 자각은 이 모든 현상계의 드라마가 일어나는 배경으로서 언제나 있습니다. 우리는 그것을 이용하지만, 그것이 무엇인지, 또는 그것이 어디서 오는지에 대해서는 결코 신경 써서 알아보지 않습니다. 이 자각이 무엇인지, 그리고 그것과 우리의 관계가 무엇인지 알아보는 대신에, 우리는 그것을 악용하여 몸이 행하는 모든 행위를, 몸 안에 살고 있다고 우리가 내세우는 상상의 '나'에 기인하는 것으로 여깁니다.

이 가공의 '나'로 하여금 당신의 인생을 떠맡게 할 때, 당신은 몸이 행하는 모든 행위들을 책임져야 할 것이며, 당신이 하고 있다고 상상하는 모든 행위들의 결과를 거두어야 할 것입니다. 모든 것이 당신 자신의 어깨 위에 얹힐 것이며, 그것은 당신이 생에서 생으로 져야 할 커다란 짐이 될 것입니다. 그러나 당신에게 생기를 주고 있는 것이 바로 이 빛, 이 자각이라는 것, 그리고 당신의 모든 행위들을 실제로 행하고 있는 것이 바로 이 빛이라는 것을 알고 이해한다면, 당신은 몸이 하고 있는 행위들에 대한 그 어떤 개인적인 책임도 지지 않을 것입니다. 이 의식이 늘 그것의 일을 하도록 하기 위한 그냥 의식의 도구가 되십시오. 당신의 몸으로 하여금 의식의 지시에 따라 행하도록 하십시오. 당신은 다만 도구일 뿐이라는 것을 아십시오. 몸과 같은 그 무엇도 '내 것'으로 내세우지 않고 의식 속에서, 의식으로서 산다면, 당신은 아주 자유로운 삶을 살게 될 것입니다. 당신은 자유 그 자체가 될 것입니다. 당신은 자신이 바탕이 되는 의식이지 그것 안에서 현현하는 사소한 드라마들의 그 어떤 것도 아니라는 것을 알면서 아주 잘, 아주 행복하게 살 것입니다. 고통이 있을 수도 있습니다. 행복이 있을 수도 있습니다. 그것들이 당신에게 오거나 떠날 때, 당신은 괴롭거나 들뜨지 않을 것입니다. 왜냐하면 당신은 바탕의 의식인 진리를 알고 그 진리 속에서 살 것이기 때문입니다.

(그 다음에, 어떤 유형의 정신이상으로 고통을 겪고 있는, 럭나우에 있는 한
외국인 여성에 대하여 빠빠지와 방 안의 여러 사람들 사이에 논의가 있었다.
그녀는 두서없는 지껄임과 우울증 사이를 왔다 갔다 하는 것처럼 보였다. 빠
빠지는 자신의 아들 수렌드라에게 그녀의 집을 방문해서 그녀의 상태를 점검
해 보라고 했다.)

저는 그것이 심각한 문제라고 생각하지 않습니다. 어떤 문제가 그
녀의 마음속으로 들어왔습니다. 제가 그녀와 이야기할 때 그녀는 연관
이 없는 서로 다른 많은 것들에 대하여 이야기하고 있었습니다.

때때로 그녀는 자신 주위에서 진행되고 있는 것을 자각하고 있는 것처
럼 보이기도 하지만, 어떤 때는 그렇지 않습니다.

예, 그녀는 두서없이 횡설수설하고 있었습니다. 그녀의 마음은 서
로 다른 많은 곳들에 가 있었습니다.

때때로 그녀는 자신이 이야기하고 있는 것을 아주 잘 알고 있는 것처
럼 보이기도 합니다. 그녀는 어떤 기이한 일이 자신의 마음에 일어났

다는 것을 압니다. 그녀는 잠시 동안은 똑똑히 생각하지만, 그 다음에는 안색이 변하고 더 이상 자신의 상태를 자각하지 못합니다.

저는 유럽에서 이와 같은 경우를 많이 보았습니다. 이와 같은 일이 일어날 때, 저는 일반적으로 사람들에게 해변에 가라고 충고합니다. 바람직하지 않은 생각들이 주의를 요구하고 있으므로, 가장 단순한 해결책은 종종 주변 경관을 변화시켜 새로운 인상들이 해묵은 생각들을 밀쳐 내게 해주는 것입니다. 이런 사람들은 해묵은 생각들에 홀려 있습니다. 그들은 그것들을 잊지 못하는 것이지요.

(수렌드라에게) 그녀를 병원, 시민병원으로 데려가거라. 너는 거기 사람들을 많이 알고 있지 않느냐. 필요하다면 거기서 치료를 받을 수 있게 해주거라.

(다른 모든 사람들에게) 저는 이와 같은 상태가 된 열세 살짜리 여자아이를 알고 있었습니다. 그 아이 오빠가 제 삿상에 오곤 했는데 제게 도움을 청했었지요.

"그 아인 정신병원에 있습니다. 하지만 이리 데려올 수 있습니다. 갇혀 있지는 않거든요."

저는 그에게 말했습니다. "그 아이가 공격적으로 행동하고 있지 않다면 삿상에 데려올 수는 있지만, 그 아이가 여기서 삿상의 진행을 중단시키지 않기를 바라네."

"글쎄요. 때로 그 아이는 아주 흥분하고 공격적이 되기도 합니다. 여기에 와서 얌전하게 굴지는 장담할 수가 없습니다."라고 그 아이 오빠는 말했습니다.

나는 대답했지요. "그렇다면 삿상이 시작되기 전에 그 아이를 데려오게. 내가 따로 그 아이를 만나 보겠네."

그는 그 아이를 데려왔는데, 제 첫 인상은 그 아이가 건강한 어린 소녀라는 것이었습니다.

그 아이는 영어를 잘 했지만 매우 동요된 상태에 있었습니다. 저를 보고 그 아이가 맨 처음 한 행동은 "저 녀석이 나를 속였어! 저 녀석이 나를 속였단 말이야!"라고 고함치는 것이었습니다.

저는 바로 상황을 이해했습니다. 그 아이는 그녀와의 관계를 끝낸 한 남자아이에 대한 망상에 빠져 있었던 것입니다.

저는 그 오빠에게 말했습니다. "그 아이는 병원에 있을 필요가 없네. 데리고 나와 해변을 따라 오랫동안 산책시켜 주게. 그 아이의 분노의 대상인 남자아이를 찾아서 그 남자아이에게 이야기를 시켜 보게. 이 남자아이에 대해 가지고 있는 이 모든 생각들을 처리할 수가 없어 두뇌 메커니즘이 과부하에 걸려 있는 것이라네."

그 오빠는 남자아이가 누구인지 알고 있었지만, 그 아이에게는 벌써 새 여자 친구가 있었습니다. 오빠는 그 아이를 설득해서 새 여자 친구를 데려오지 말고 혼자 찾아오도록 했습니다. 여자아이가 그 남자아이를 본 뒤 몇 분이 지나자 그 소녀의 뇌 속에서 광분하던 맹렬한 에너지가 가라앉기 시작했습니다. 그녀는 남자아이를 알아보았으며, 그 아이를 다시 본 충격으로 기억이 되살아나 제정신으로 돌아오게 되었습니다.

저는 뉴욕에 갔을 때도 이와 같은 문제를 가지고 있는 다른 사람을 만났습니다. 뉴욕에서 강 아래 터널을 지나서 가는 곳이 어디지요?

뉴저지를 말씀하십니까?

예, 바로 그곳입니다. 그는 크고 튼튼하고 건강한 19세 청년이었습니다. 저는 그 아이를 한 체육관에서 만났는데, 거기서 그는 큰 역기를 들고 가슴 확장 운동을 하고 있었습니다. 저는 그의 부모를 알고 있었습니다. 그때 그 청년은 육체적으로나 정신적으로 건강한 상태에 있었지만 약 1년 뒤에 극적인 이성 관계에 빠져 강에 투신자살했습니다. 그의 부모가 저에게 편지를 써서 말해 준 것입니다.

때때로 젊은이 특유의 이런 망상들은 더 좋은 대상들이나 목표들에 집중되기도 합니다. 저는 리쉬께쉬에서 한 소녀를 만났는데, 그 아이는 학교에 다니던 중 깨달음을 얻기 위해 집을 떠나 인도에 왔습니다.

그 아이는 부모에게 말했습니다. "저는 깨달음을 얻기 위해 인도로 갈 겁니다. 학교를 끝내자마자 엄마아빠가 저를 대학으로 보내고 싶어

하실 것이니 지금 가야 해요. 1년을 쉬었다가 돌아와 복학할 겁니다."

그 아이는 열여섯밖에 되지 않았지만 깨달음을 얻고자 하는 이런 강한 욕망을 가지고 있었기 때문에 서양에서 인도로 줄곧 혼자서 여행을 했습니다. 얼마나 많은 사람이 아직 학교에 다니는 동안 그와 같은 것을 하고자 하는 욕망과 용기를 가지고 있습니까?

그 아이는 락쉬만 줄라 호텔에 머물고 있었는데, 일단 저를 알게 되자 찾아와서 온종일 저와 함께 지내곤 했습니다. 이와 같은 일이 어떻게 일어날까요? 그것은 옛 삼스까라들, 다른 생에서 넘겨져 온 습관들과 경향들입니다. 그렇지 않고서야 이렇게 어린 소녀가 무엇 때문에 서양에서의 삶을 포기하고 인도로 오려 하겠습니까?

11

"속박도 없고, 해방도 없으며, 해방을 갈망하는 사람조차도 없다." 는 것이 궁극적이고 최종적인 진리입니다

기억에 대해서 이야기하고 싶습니다. 스승님은 때때로 우리가 마음속에 저장한 것에 의해 거기에 남겨진 흔적들이나 자국들에 대해 말씀하십니다. 그리고 이런 자국들이 우리로 하여금 지금 우리가 하는 방식대로 반응하고 행동하게 만든다고 말씀하십니다. 우리가 기억 속에 저장하거나 저장하지 않은 것에 대해 할 수 있는 것은 아무것도 없습니까? 예를 들어 보겠습니다. 제가 길을 걸어가다가 길가에서 차를 팔고 있는 남자를 봅니다. 저는 그를 알아차리고, 그 인상은 저의 뇌에 저장됩니다. 제가 그 특정 기억에 다시 접근하고자 한다면 그것은 거기에 있습니다. 만약 제가 자신에 대해 완전한 자각을 유지한다면, 그런 사건들이 제 기억 속에 입력되지 않을 것이고, 그것들은 그곳에 자국을 남기지 않을 것이라는 뜻입니까?

어떤 것들은 기억 속으로 들어갈 것이고 어떤 것들은 그렇지 않을 것입니다. 당신의 기억 속으로 들어가는 것은 어떤 것이든 인상을 남길 것입니다. 이것이 제가 말한 자국입니다. 이 모든 자국들은 집합적으로 당신의 향후 행위들과 반응들을 결정할 것입니다. 당신의 몸은 전생에서 축적해 온 자국들의 결과로서 존재하게 될 것입니다. 이런 자국들은 당신에게 이행해야 할 대본과 운명을 줄 것입니다. 당신의 몸은 당신이 축적해 온 이 광대한 자국들의 집합에 의해 결정된 특정 사건들을 경험하도록 태어나야만 합니다. 그 힘은 그곳에 있고 그것은 멈추어질 수 없습니다. 당신은 자신의 모든 행동들과 생각들에 책임이 있고, 당신의 미래의 행동들과 생각들을 결정하는 것이 바로 이런 행동들과 생각들입니다. 그리고 당신이 축적해 온 과거의 모든 자국들의 직접적 결과인 사건들을 경험하고 있는 동안, 당신은 당신의 쌓인 자국들에 첨가될 새로운 자국들을 만들고 저장하고 있습니다. 이런 것들은 다시 미래에 새로운 몸으로 경험되어야만 할 것입니다. 그래서 그것은 끊임없이 계속됩니다.

사람들은 세 종류의 까르마가 있다고들 합니다. 첫 번째는 모든 전생 동안에 축적해 온 모든 까르마의 창고입니다. 이 광대한 저장 중의 일부는, 특정한 몸을 받아 태어날 때 그런 지난 과거의 자국들의 일부를 경험하게 될 형태를 나타나게 하는 원인이 됩니다. 그렇게 해서 태어나는 하나의 특정한 삶의 숙명은 두 번째 까르마입니다. 이것은 전체 중의 아주 작은 부분일 뿐이어서 삶을 살아 나갈 때 당신은 고생을 하며 겨우 이 미완의 까르마의 극히 일부분만을 경험하고 있습니다. 그리고 당신의 까르마 중 일부분만을 다 쓰고 있는 동안 경험하지 않은 까르마의 창고로 들어갈 더 많은 자국과 인상들, 즉 미래에 아직 더 많은 탄생을 야기시킬 인상들을 축적하고 있습니다. 이 새로운 자국들이 세 번째 종류의 까르마입니다. 그것들은 이미 존재하고 있는 자국들의 창고에 추가될 새로운 항목들입니다.

자, 당신의 원래 질문은 "완전한 자각을 유지함으로써 길가에서 차를 팔던 남자의 인상을 지울 수 있습니까?"였습니다.

당신이 이 완전한 자각, 이 지식, 이 깨달음을 얻게 되면, 불이 붙여집니다. 이 자각은 불이 되고, 이 불은 당신의 기억 속에 간직되어 있는 자국들의 모든 저장물을 태워 버립니다. 우리에게 더 많은 골칫거리를 나타내고 불러일으키기 위해 기다리고 있는, 그 창고에 저장되어 있는 수백만의 모든 삼스까라는 다 타 버리고 파괴됩니다. 이런 완전한 자각, 이 진정한 지식이 없다면, 이 각각의 삼스까라들은 열매를 맺어야만 합니다. 하지만 완전한 자각이 오는 순간, 그것들은 모두 타 버려 재가 됩니다. 그 엄청난 모닥불은 당신의 모든 미래와 모든 과거까지도 포함합니다.

　자유를 얻은 사람은 다른 새로운 자국들을 축적하지 않고 삶을 살아갈 것입니다. 모닥불이 그의 과거의 저장물들을 다 파괴해 버렸고, 그의 깨달음은 다른 새로운 것들이 그에게 달라붙는 것을 막을 것입니다. 그에게 있어 과거와 미래는 모두 멈추었습니다. 그러한 인간의 행동들은 더 이상 미래의 보상이라는 개념들에 의해 자극을 받지 않습니다. 그는 "만약 내가 이렇게 하면, 이러이러한 일이 일어날 것이다."라고 생각하며 행동하지 않을 것입니다. 행동들은 여전히 발생할 것이지만 이러한 행동들을 행하는 사람이 있다는 감각은 없을 것입니다. 지금 행해지고 있는 일에 대한 특별한 관심도 없고, 그것에 대한 애착도 없을 것입니다.

　당신을 마지막 탄생으로 데려다 주고, 특정 대본을 가진 몸을 당신에게 준 그 까르마는 몸으로 하여금 그것이 행하도록 운명 지어진 모든 활동에 종사하게 할 것입니다. 그러나 몸과의 동일시, 의도, 계획, 수행되어야 할 또는 수행되지 말아야 할 일들이 있다는 생각은 없을 것입니다. 당신은 흡사 꿈속의 가공인물처럼 삶을 살게 될 것입니다. 당신은 모든 과정이 어떻게 생겨났는지를, 다시 말해 이런 자국들이 어떻게 당신에게 끊임없는 탄생과 고통을 가져다주었는지를 이해하게 될 것입니다. 그것들이 영원히 끝났음을 알게 될 것입니다. 그리고 또한 그것들이 다시는 시작할 수 없음도 알게 될 것입니다.

또한 이 세상의 창조자가 없었다는 것도 바로 이해하고 알게 될 것입니다. 어떤 창조자도, 어떤 창조물도 없었다는 것을. 이것은 틀림없는 진리입니다. 자국들이 당신에게 더 이상 들러붙지 않는 그곳에 가고 싶다면, 창조자도 창조물도 없다고 당신이 정확히 알고 있는 이곳에 도달해야만 합니다. 그곳에 가면 속박되었거나 해방되었거나 진리를 갈망했던 자가 아무도 없었다는 것을 알게 될 것입니다. 이것이 궁극적이고 최종적인 진리이기에 저는 다시 한 번 이 말을 반복합니다. 속박도 없고, 해방도 없으며, 해방을 갈망하는 사람조차도 없다고 말입니다.

매우 간단하게 들리는군요. 단지 현재의 순간에 사는 것으로 말입니다. 이 현재의 순간에 제가 모든 자국들과 제가 만들어 온 과거의 모든 기억들을 정말로 지울 수 있습니까?

이야기를 하나 해주겠습니다. 옛날에 자유를 원했던 남자가 있었습니다. 그는 자신을 진리로 이끌어 줄 어떤 길로 입문하고 싶어서 주변에 물어 이런 말을 들었습니다. "이 구루를 찾아가 보세요. 그가 당신을 도울 수 있을 겁니다."

그는 구루에게 갔지만 이 구루는 "당신은 이 특정한 신에게 가 봐야겠군요."라고 말했습니다.

그는 그 신을 찾아갔지만, 이번엔 "당신은 훨씬 더 높은 신에게 가 봐야 합니다."라는 말을 들었습니다.

이와 같이, 그는 마침내 가장 높은 신과 만날 때까지 여러 신을 거쳤습니다.

그가 이 신에게 말했습니다. "저는 구루에게서 신에게로, 신에게서 다른 신들로 보내졌습니다. 이제 결국 저는 당신과 대면하게 되었습니다. 모두들 저를 다른 곳으로 보냅니다. 당신이 저의 마지막 희망입니다. 제발 저를 자유로 이끌어 주십시오."

이 최고의 신은 "아침에 일어나서 제일 먼저 강가로 가서 목욕을 하라. 당신이 강에서 나와 제일 먼저 보는 사람이 당신의 구루가 될 것이다."라고 말했습니다.

그 남자가 목욕을 하고 강에서 나왔을 때, 그가 본 첫 번째 사람은 앵무새를 잡기 위해 덫을 놓고 있던 새 사냥꾼이었습니다. 그는 "이 사람이 나의 구루다."라고 생각하며 그 남자 쪽으로 걸어갔는데, 그가 다가가자 사냥꾼은 "기다려요! 더 이상 가까이 오지 마시오! 새가 막 그물로 들어가려던 참이오."라고 말했습니다.

이 남자는 그 경고를 듣지 않았습니다. 그가 사냥꾼에게 걸어가자, 사냥꾼이 잡으려던 새는 날아가 버렸습니다. 사냥꾼은 몹시 화가 났습니다. "내가 더 이상 가까이 오지 말라고 하지 않았소. 여기서 뭘 하고 있는 거요? 왜 온 거요?"

"저는 자유를 얻는 데 도움을 줄 구루를 찾고 있습니다."라고 그가 말했습니다. "저는 최고의 신을 찾아갔는데, 그가 말하기를 강에서 나와 제일 먼저 보게 되는 사람이 저의 구루가 될 거라고 했습니다. 당신이 바로 그 사람입니다. 당신이 저의 구루가 되어 주셨으면 합니다. 저에게 만뜨라를 주어 입문시켜 주실 것을 부탁드립니다."

새 잡는 사냥꾼은 여전히 화가 나서 다시 소리쳤습니다. "구루는 뭐고 가르침은 무엇이며 만뜨라는 또 무엇이고 해방은 무슨 말이요? 나는 이런 것들을 하나도 모른단 말이요. 나는 단지 새 사냥꾼일 뿐이고 당신은 내 일을 망쳐 놓았소! 그게 내가 아는 전부요! 어서 꺼지고, 가만히 날 내버려두시오!"

그 남자는 생각했습니다. "아마도 어떤 실수가 있었을 거야. 내가 사람을 잘못 찾았나 보군. 마지막 신에게 다시 가서 더 나은 가르침을 받는 게 좋겠어."

그는 마지막 신에게 갔고 그 신이 물었습니다. "내가 찾으라고 한 구루를 찾았는가?"

"저는 새 잡는 사람을 찾는데, 그는 깨달음에 대해서는 아무것도 몰랐습니다. 그는 전혀 구루가 아니었습니다. 그는 제가 그의 일을 방해한다는 이유로 저를 내쫓은 사냥꾼일 뿐이었습니다."

"그만! 그만!" 신이 소리쳤습니다. "당신은 이처럼 구루를 비판할 수 없다. 이에 대해 당신에게 저주를 내려야겠다. 내가 찾으라고 보낸 구루에 대해 험담을 했기 때문에, 당신은 이제 탄생과 죽음의 특별한 반복을 겪어야만 할 것이다. 그런 다음, 오직 그러고 나서야 당신은 자유를 얻을 것이다. 8,400만 종이 있는데, 당신은 인간으로 태어나 자유를 얻기 전에 이 각각의 종으로 한 번씩 태어나야만 할 것이다."

그 남자는 이제 매우 절망했고 불행했습니다.

그는 생각했습니다. "나는 해방을 원하고, 모든 미래의 탄생들로부터의 자유를 원하는 데서 출발했다. 나는 이 모든 신들에게 돌림을 당했고 이제 또 다른 탄생과 죽음의 반복을 겪는 저주를 받았다. 그 새 사냥꾼이 아마도 진짜 구루였는지도 모르겠다. 신들은 더 이상 나를 도와줄 수 없다. 그들이 할 수 있는 일이란 나를 저주하는 것이 전부이다. 그 새 사냥꾼에게 돌아가서 도와달라고 해야겠다."

그는 강둑으로 돌아가 거기서 아직도 새를 잡으려 하고 있는 그 사람을 발견했습니다.

"오늘 아침 저는 당신을 만나러 왔는데 당신은 저에게 소리치고 내쫓았습니다. 당신은 구루가 아니며 해방에 대해서는 아무것도 모른다고 말씀하셔서 저는 당신을 믿었습니다. 저는 저를 보낸 신에게 돌아가 당신은 그저 무지한 사냥꾼일 뿐이라고 말했습니다. 그런데 그런 비판을 했다는 이유로 그는 저에게 각각 다른 몸의 모습으로 8,400만 번의 탄생을 겪으라는 형벌을 내렸습니다."

새 사냥꾼은 이야기를 들었지만 여전히 어떤 영적인 지식을 가지고 있다는 아무런 표시도 보여 주지 않았습니다.

"8,400만 종이란 무슨 말이요? 이런 생각에 대해선 전에는 들어 본 적이 없소."

그들은 강변에 있었고, 그래서 그 남자는 강변에 있는 모래 알갱이들을 그에게 보여 주면서 8,400만이 의미하는 것이 무엇인가 하는 개념을 새 사냥꾼에게 알려 주려 했습니다. 그런 다음 그는 주위를 기어가고 있는 벌레를 보여 주었습니다.

"저것은 딱정벌레입니다. 저것은 개미구요. 저렇게 각각 다른 종류의 피조물이 하나의 종입니다. 저는 깨달음을 얻으려면 그 전에 다시 8,400만 종의 모습으로 살아야만 합니다. 최고의 신이 저에게 저주를 내렸고, 이 저주는 시행되어야만 합니다. 그러나 저는 이제 당신이 저의 구루임을 깨닫고, 그것은 당신만이 저를 이 끔찍한 운명으로부터 구해 줄 수 있다는 뜻입니다. 당신께 엎드려 저를 이 저주로부터 구해 주시기를 애원합니다."

새 사냥꾼은 웃으며 말했습니다. "자유는 매우 간단한 것이오. 이 신들이 하고 싶은 대로 하도록 놔두시오. 이 최고의 신, 이 절대적인 신은 이 모든 출현의 창조자이고 그는 그 모든 것에 책임이 있소. 만약 당신이 그의 세상에서 살고 싶다면 그의 법칙, 그의 화신, 그의 저주에 복종해야만 할 것이오. 그러나 당신은 이 현상계를 벗어나 그가 닿을 수 없는 곳에서 살 수도 있소. 나는 당신을 순식간에 이 모든 현상계를

다 통과하도록 할 수 있소. 신이 당신에게 운명 지어 준 것을 적어 보시오.”

그 남자는 모래 위에다 그 저주를 적었고, 새 사냥꾼은 손을 그 위로 움직여 모든 글을 지워 버렸습니다.

그리고 “이제 모든 것이 끝났소. 당신은 해방되었으니 이제 진실로 행복해질 수 있을 것이오.”라고 말했습니다.

그가 무슨 일을 했으며 어떻게 그는 그렇게 했습니까? 그는 그 남자에게 모래 위에 ‘8,400만 번의 탄생’이라고 쓰게 한 다음 그것을 지웠습니다. 8,400만 번의 탄생이란 그가 자신의 마음속에 가지고 있는 단지 하나의 개념일 뿐, 그 이상은 아니었습니다. 그저 손동작 하나로 그것을 지움으로써, 그는 재탄생이 아무런 궁극적 효력도 지니지 않은 그저 하나의 개념이라는 것을 그 남자에게 납득시켰습니다. 그 남자는 또한 그에게 8,400만 번의 재탄생을 겪도록 저주한 최고의 신이 있었지만, 구루가 신의 생각 또한 지워 없앴다고 생각했습니다. 수백만 번의 재탄생과 당신에게 그런 것들을 받도록 선고한 신들은 단지 당신 마음속에 있는 관념들일 뿐입니다. 그것들은 매우 강하게 간직된 믿음들이고, 그것들이 당신에게 대단한 지배력을 행사하고 있으므로, 당신은 마침내 그런 것들을 믿는 것을 그만둘 때까지 수백만 번의 탄생을 거듭 경험해야만 할 것입니다. 이 새 사냥꾼은 단순히 이 모든 탄생을 겪어야만 한다는 그 남자의 마음속에 있던 관념을 지워 버렸고, 그 관념이 사라지자 탄생과 죽음의 순환들도 끝이 난 것입니다.

이런 일은 일어날 수 있습니다. 그것을 단지 이야기일 뿐이라고 여기지 마십시오. 이렇게 다양한 종들이 있고 당신이 그런 것 모두를 경험해야 한다는 생각은 그저 지워질 수 있는 관념입니다. 발자국들은 지워질 수 있고, 자기가 행위들의 수행자라고 생각하는 사람 또한 지워질 수 있습니다.

"나는 행위자다."라는 것은 당신을 바쁘게 하고 몰두하게 하는 관념입니다. 당신은 항상 "나는 이것을 하고 있다."라고 생각하거나 다음엔 무엇을 할 것인가에 대해 생각하며 어떤 일을 하고 있습니다. 당신은 자신의 다양한 활동들로 다른 사람들을 돕고 있다고 생각할지 모르나, 이 행위자라는 지속적인 생각에 빠져 있는 한, 자신이나 어느 다른 사람을 도울 수 없습니다. 자유를 원하면 시간과 주의의 일부분을 자신의 참나에 바칠 필요가 있고, 그것을 제대로 해내려면 "나는 행위자다."라는 관점을 버려야 합니다. 당신은 남을 위해 일하고, 다른 사람을 자신의 가슴에 담으며, 다른 사람을 생각하고, 타인과의 관계들을 통해 자신의 삶을 삽니다. 자신의 시간과 주의의 극히 일부분을 당신 자신의 참나에 바치면 어떠합니까? 전 생애에 걸쳐서, 방해받지 않은 완전한 주의로 그 참나에게 5분조차도 사용하는 사람이 없습니다. 당신의 주의를 방해하는 다른 생각들을 갖지 말고, 자기 자신을 위해 단 5분만 투자하십시오.

명상을 하다 보면 당신을 방해하는 하나의 생각이 떠오릅니다. 이 생각은 무엇입니까? 그것은 과거의 한 파편이며, 기억에 저장된 애착입니다. 만약 그 애착이 있지 않다면, 생각이 갑자기 튀어나와 당신의 주의를 사로잡지 않을 것입니다.

(새로운 질문자) 얼마 전에 책에서 붓다를 만나셨을 때 어떻게 반응하셨는지에 대한 이야기를 들려주셨습니다. 그것이 애착입니까? 그것이 지금 말씀하고 계신 그런 종류의 것입니까?

애착을 가질 때, 어떤 생각이나 이미지를 연상할 때, 주의가 특정 생각이나 형태에 집중될 때, 당신은 연상하고 있는 대상의 어떤 것을 얻습니다. 삿상의 '상sang'은 '관련association'을 의미합니다. 당신은 진실인 삿sat과 관련해서, 그 관련이 당신에게 영향을 미치도록 하거나, 아니면 하찮은 것과 관련해서 그것이 당신의 삶을 지배하고 파괴하게 하도록 할 수도 있습니다. 자신의 '참나'와 관련할 때, 그 참나에 대해서만 말하고 생각할 때, 당신은 삿상에 있습니다. 나머지 모든 나쁜 관련은 '아상asang'입니다. 아상인 사람들이나 생각들과 교제하지 마십시오. 어니에 있든지 생각을 참나에 집중시키십시오. 이것이 제일의 삿상입니다. 모든 신들과 인간의 세상들에서 이 삿상과 비교되고 견줄 만한 것은 없습니다.

감각들은 당신이 삿상 안에 있기를 바라지 않습니다. 그것들은 당신의 주의를 다른 곳으로 돌리려고 항상 애쓰고 있습니다. 주의를 그것들에 돌림으로써 그 감각들을 만족시키지 마십시오. 그것들에 관심을 주면 그 활동들을 격려하게 됩니다. 관심을 철회하면 그것들은 당신에게 지배력을 행사할 수 없을 것입니다. 내부에 주의를 집중한 채 기다리십시오.

만약 당신이 도움을 좀 더 필요로 한다면, 그리고 운이 당신을 저버리지 않았다면, 당신은 삿상 안에 함께 있을 수 있는 누군가를, 삿sat이라는 그 진리를 구현하고 있는 누군가를 찾을 수 있을 것입니다. 당신은 그를 찾을 수도 있고 그러지 못할 수도 있습니다. 여기에는 아무런 보장이 없습니다. 만약 그러한 존재를 찾았다고 생각한다면, 신중하십시오. 감각들이 가져다주는 인상을 믿지 마십시오. 왜냐하면 이런 인상들은 신뢰성이 없기 때문입니다. 만약 당신이 훌륭한 스승과 삿상을 할 만한 좋은 장소를 찾았다고 생각하면, 그가 참된 사람이라고 당신이 만족할 때까지 스승을 시험해 볼 수 있습니다. 금을 사기 전에 그 순도를 시험해 보는 것과 같이, 스승이 될 사람을 신중하게 시험해 보십시오. 그러고 나서 당신의 선택에 만족한다면, 그곳에 머물러 그 사람과 함께 삿상을 하십시오. 만약 그런 사람을 찾지 못한다면, 그때는 혼자 머무르는 편이 낫습니다. 자유는 또 다른 생으로 기다릴 수 있지만, 자격이 없고 어리석은 스승에게 당신의 영적 행복을 맡기는 것은 그보다 훨씬 더 오랫동안 성공의 가능성을 파괴할 수 있습니다. 당신은 자유를 얻지 못한 채 죽을 것이고, 후에는 삿상이 가능하지 않은 인간 이외의 삶들 속으로 방황할 것입니다. 만약 자신을 맡길 진정한 스승을 찾을 수 없다면, 혼자 머무르는 편이 훨씬 낫습니다. 삿^{Sat}은 '진리'를 의미하고 '진리'는 참나를 의미합니다. 당신이 참나에 주의를 주면, 절대 길에서 벗어나지는 않을 것입니다. 당신 자신의 참나에게 의지하는 것이 항상 가장 좋은 방법입니다. 그렇게 하면 결코 길을 잃지 않을 것입니다.

(새로운 질문자) 만약 제가 모든 애착들과 기억 속에 있는 모든 자국들을 포기한다면, 그것은 제가 친구들과 가족에게 지니는 사랑을 잃어야만 한다는 뜻입니다. 그들은 여전히 그곳에, 제 앞에 있겠지만, 저는 더 이상 그들에게 신경을 쓸 수 없을 것입니다. 스승님은 과거의 우정에 대한 생각들을 더 이상 품을 수 없는 상태, 즉 전에 저에게 흥미를 주거나 감동시켰던 어떤 것도 앞으로는 다시 흥미를 주거나 감동시키지 않을 상태에 대해 이야기하고 계십니다.

우리는 완수해야 할 숙명인 쁘라랍다를 가지고 현생에 왔습니다. 우리가 함께 살아가고 상호작용해야 할 사람들이 있습니다. 이런 상호작용들은 피할 수 없습니다. 그러나 우리에게 운명 지어진 관계들은 그 관계들이 우리에게 영향을 주도록 하지 않고서도 행해질 수 있습니다. 만약 그 관계가 우리에게 영향을 주고 간섭하거나 어떤 식으로든 우리의 마음을 움직인다면, 우리는 우리를 이 세상으로 되풀이 돌아오게 하는 새로운 까르마를 우리 힘으로 만들어 냅니다.

모든 사람은 전생의 사건들, 전생의 관계들, 전생의 욕망들과 반감들에 의해 결정되는 행동들의 대본을 지니고 이 세상으로 옵니다. 어떤 사람들은 자유에 대한 아주 강렬한 욕구를 지니고 여기에 태어납니다. 이 자유를 얻은 뒤에도 몸은 계속 존재할 것이고, 이 몸은 전생의 모든 애착들과 욕구들의 결과를 계속 경험하게 될 것입니다. 해방된 존재의 참나는 까르마를 전혀 경험하지 않을 것입니다. 하지만 그 몸은 여전히 전생의 모든 관련들과 애착들에 의해 결정된 대본을 가지고 이 지구상에서의 기간을 완수해야만 할 것입니다. 라마나 마하리쉬는 암이 있었습니다. 라마크리슈나는 암이 있었습니다. 요가난다는 암이 있었습니다. 몸은 과거의 행동들과 반응의 결과들을 계속 경험하겠지만, 깨달음을 얻은 존재는 이들 중 어느 것에도 방해받지 않을 것입니다. 그는 자신이 아프고 고통 받는 몸이 아니라는 것, 또는 몸에 생명을 주는 사람이 아니라는 것을 알게 될 것입니다. 그는 초연하게 몸이 쁘라랍다를 완수하는 것을 지켜 볼 수 있습니다.

이번 생에서 자유를 얻은 사람들은 다시는 재탄생하지 않을 것입니다. 이것은 미결로 있는 몸의 까르마가 인간으로 태어난 이 마지막 몸

속으로 밀어 넣어져야 한다는 것을 의미합니다. 이런 이유에서 가끔 깨달음을 얻은 사람들이 병든 몸으로 생을 마감합니다. 모든 미해결의 까르마들은 모든 곳에서부터 그들의 몸속으로 뛰어들어 갈 것입니다.

(새로운 질문자) 이전의 질문으로 되돌아가서, 스승님께서 붓다에게 애착을 갖게 만든 자국들이 스승님의 경우에 이득이 되었다고 말씀하실 수 있습니까?

저는 그렇게 말할 수 없습니다. 정말로 그렇게 말할 수 없습니다. 이 것은 단지 제 안에서 솟아난 어떤 것이었습니다. 저는 그것이 어디에서 왔는지 모릅니다. 누구도 저에게 붓다에 대해 말해 준 적이 없었습니다. 저는 단지 역사책에서 그에 대해 읽었을 뿐입니다. 그 책에는 다른 것들도 많이 있었지만, 그것들은 그때 저에게 흥미롭지 않았습니다. 그 책에는 다른 사람들이 아름다운 것이라 여길지도 모를 삶들이 있었습니다. 저는 단지 사진을 통해 붓다가 거기에 앉아 있는 것을 보고서 그를 사랑하게 되었습니다.

스승님은 삶에서 많은 끔찍한 일들을 보아 오셨을 것입니다.

그렇습니다.

스승님은 여전히 그것들을 기억하고 계십니다. 만약 스승님께서 아직도 그것들을 보고 계신다면, 왜 그것들은 애착이 형성된 장소들인 과거로 스승님을 데려가지 않습니까?

깨달음을 얻은 사람은 바위와 같지 않습니다. 기억은 여전히 있으나, 그는 그곳에 저장된 사건들에 대해 아무런 애착을 가지고 있지 않습니다. 기억이 표면으로 떠오를 때, 그는 그것을 뒤쫓지 않습니다. 기억은 그에게서 욕구나 반감을 만들어 내지 않습니다. 기억은 그를 새로운 까르마를 만들어 내는 새로운 곳으로 데려가지 않습니다. 기억들, 그리고 그 기억들에 대한 애착들은 당신이 이러한 애착들을 경험해야만 하는 새로운 탄생으로 당신을 끌어당깁니다.

고대 인도에 여러 해 동안 왕국을 통치해 오던 왕이 있었습니다. 어느 날 그는 아내에게 다가가 말했습니다. "내 머리가 희어져 가고 있소. 나는 해야 할 다른 중요한 일들이 있소. 그래서 나는 당신을, 이 왕국을 그리고 이 나라의 정부를 떠나 내가 명상하고 깨달음을 얻을 수 있는 숲으로 갈 것이오. 나는 참나를 찾고 싶소. 이곳에는 당신이 이 왕국을 통치하는 데 도움을 줄 수 있는 대신들이 있소. 제발 나를 따라오지 마시오."

그는 숲으로 가서 스스로 간단한 오두막을 짓고 그곳에서 명상을 시작했습니다. 그가 거기서 살고 있을 때, 한 사냥꾼이 새끼를 밴 사슴을

쏘았습니다. 그 사슴은 죽었지만 새끼사슴이 태어나 아직도 숨이 붙어 있었습니다. 이젠 산야신이 된 왕은 울고 있는 새끼사슴에게 다가가 그를 측은히 여겼습니다. 그는 새끼를 집으로 데려가 오두막에서 우유를 먹이며 돌보아 주었습니다. 과거의 왕이었던 그는 새 애완동물을 사랑하게 되었습니다. 그는 왕비를 떠났으나 참나에 대해 명상을 하는 대신에 사슴과 사랑에 빠졌습니다. 이것은 자국들에 대한 이야기입니다. 어떻게 자국들이 만들어지고, 어떻게 그것들이 당신의 미래 까르마를 만들어 내는가에 대한 이야기입니다. 이 남자는 두 가지 강렬한 열정을 가지고 있었습니다. 깨달음을 얻기 위해 고행(따빠스)을 하려는 욕구와, 그의 사슴에 대한 강한 사랑이 있었습니다.

그가 죽어 가며 누워 있을 때 그의 마지막 생각은 사랑하는 사슴에 대한 것이었습니다. "만약 내가 죽으면 호랑이가 와서 사슴을 잡아먹을 것이다."

이것은 동정이지만 또한 애착이기도 합니다. 다음 생에서 그는 사슴으로 태어났습니다. 하지만 그는 이전 생에서 명상을 많이 했기 때문에 바라뜨라고 불리는 현자의 아쉬람에서 사슴으로 태어날 수 있는 충분한 공덕을 쌓았습니다. 그는 그 아쉬람에서 생을 보내면서 사두와 같은 삶을 살았습니다. 그는 다른 동물과 어울리지 않았습니다. 대신, 다른 사두들과 앉아서 그들이 경전의 부분을 읊조릴 때 듣고 있었습니다.

이것은 재탄생이 어떻게 일어나는지에 대한 이야기입니다. 이 왕은 명상하고자 하는 욕구와 사슴에 대한 강한 애착을 지녔습니다. 그는 다음 생에서 사슴이 되어, 숲에서 명상하는 사두들과 함께 지냈습니다.

(몇 분간의 침묵이 흘렀다.)

누군가가 최근에 저에게 물었습니다. "어떻게 자유로부터 떨어지는 것을 피할 수 있습니까?" 저는 이제 다른 대답을 해 줄 수 있습니다. "만약 어떤 새로운 자국들도 만들지 않는다면 당신은 떨어지지 않을 것입니다." 당신의 모든 초점을 그 참나에 집중하십시오. 이것이 당신이 해야 할 일입니다. 시간이 조금 지나면 자연스럽게 그렇게 될 것입니다.

저는 최근에 프랑스 여성으로부터 온 편지를 읽어드렸습니다. 그녀 또한 이것에 대해 이야기했습니다. 그녀는 "지금은 이 일 말고는 할 일이 아무것도 없습니다."라고 말했습니다.

저 자신의 참나이신 영적 스승님, 저는 현재 니콜에게 하루에 일어나는 어떠한 일이라도 그것을 달성하기 위해서는 오직 한 가지만 해야 한다고 깊이 느끼고 있습니다. 그것은 저 자신을 제가 만지고, 보고, 느끼는 모든 것 안에 있는 유일한 존재 원리로 보는 것을, 특히 저 스스로 유일한 원리 그 자체로서 살아가는 것을, 제가 여전히 타인들이라고 부르는 존재 안에서도 그 원리 자체를 보는 것을 잊지 않는 것입니다. 그리고 만일 이 사실을 잊어버리는 망각이 일어나면, 망각 또한 존재 원리라는 것을 잊지 않는 것입니다. 왜냐하면 그것 이외의 다른 어떤 것도 존재하지 않기 때문입니다. 존재 원리와 텅 빔, 침묵, 그리고 지금은 같은 것입니다. 그것들 사이에는 어떠한 차이도 없습니다. 깊은 존경과 순수한 사랑을 담아, 니콜.

(새로운 질문자) 자유에 대한 욕망이 자국들을 남깁니까? 그리고 이러한 자국들이 좋은 것입니까? 그 자국들은 자유를 향한 욕구에 대해 무엇인가를 할 수 있는 환경으로 우리를 데려다 줄까요?

자유를 얻고자 결정한 사람은 자국들을 남길 발이 없습니다. 자유를 얻고자 결심한 사람이란 누구입니까? 이것이 바로 결정되어야 할 문제입니다. 누가 이 자유를 얻을 것입니까?

그것은 우리의 선택입니다.

그렇습니다. 아마도 이것은 당신의 생각일지도 모르나 이 생각은 아무런 발자국도 남기지 않을 것입니다. 어쨌든, 이 자유에 대한 생각은 막 기억으로부터 뛰쳐나왔습니다. 아주 운 좋게도 그것은 뛰어올라 당신의 주목을 끌었지만, 그것은 아무런 자국을 남기지 않을 것입니다. 그것은 생겨나서 다른 편으로부터, 즉 자유 그 자체로부터의 응답을 기다립니다. 이 생각이 생겨나게 하십시오. 그것은 실제로 하나의 생각이 아닙니다. 그것은 당신을 집으로 부르는 자유 그 자체입니다. 하지만 당신이 원한다면 그것을 생각이라 부를 수 있습니다. 그것은 축복받은 생각이기 때문에 이 생각이 생겨나게 하십시오. 그것이 생겨나게 한 후 다른 편으로부터의 메아리를 기다리십시오. 이 생각의 메아리를 귀 기울여 들으십시오. 왜냐하면 그 메아리가 자유 바로 그 자체이기 때문입니다.

12

둘이라는 이원성의 개념을 잃게 되면,
하나도 사라집니다

(책에서 재현된 대부분의 삿상은 1991년에 녹음된 오디오 테이프 시리즈에서 발췌된 것이다. 이 연재물 중 하나의 테이프는 분실되었다. 뒤에 나오는 대화에서 빠빠지의 처음 언급은 분실된 테이프에서 시작된 대화의 연속인 듯 보인다. 테이프가 시작하는 방식으로 보아, 빠빠지는 한 방문자에게 빠빠지의 면전에서 겪은 경험을 설명해 보라고 요청했으나 그는 성공하지 못한 것으로 보인다.)

저는 제가 들은 실재에 대한 설명 중 어느 것에도 동의하지 않습니다. 그것을 설명하기 위해 많은 말이 사용되었지만 저는 그 중 어느 것도 정확한 것이라고 받아들일 수 없습니다. 사람들은 '텅 빔', '공', '충만함' 또는 많은 다른 용어들을 말합니다. 저는 오랫동안 그것을 설명할 어떤 말, 어떤 표현을 찾으려 노력해 왔지만 실패했습니다. 그 상태에서 막 깨어난 사람을 볼 때는 보통 그들에게 그것을 설명해 달라고 하고 그것이 어떤 것인지 말해 달라고 부탁했습니다. 저는 항상 누군가가 저를 만족시킬 무엇인가를 말해 줄 것이라 기대했지만 제가 들은 말 중에 그런 말은 없습니다.

당신은 이따금 몇 마디 하는 것을 제외하고는 이전에는 저에게 말을 건 적이 없었습니다. 이것은 다른 사람들도 역시 마찬가지였습니다. 어떤 사람들은 제가 그들과 일대일 대화를 한 적이 없음에도 불구하고 찾아와서 제가 말하거나 가리키고 있는 것을 직접 경험합니다. 그들은 겨우 한두 마디 들었지만 그것으로 충분했습니다. 나중에, 저는 이런 사람들과도 함께 시도해 보았습니다. 가끔씩은 그냥 조용히 앉아서 그들과 며칠을 보내기도 했습니다. 우리는 단지 서로의 존재를 즐겼습니다. 사랑, 아름다움, 이해, 즐거움이 그곳에 있었지만 그것은 우리들 중의 어느 누구도 얘기할 수 있는 무엇인가는 아니었습니다. 저는 당신이 보고 있는 것을 볼 수 있기 때문에 당신에게 말을 하라고 요구합니다.

제가 할 수 있는 것은 아무것도 없습니다.

저도 압니다. 그래서 지금 당신에게 이 질문을 하는 것입니다. 저는 당신에게 이런 질문을 하지만 대답을 기대하지는 않습니다. 그것은 문제되지 않습니다. 저는 당신과 함께 있어 아주 행복합니다. 그러나 그것은 문제되지 않습니다.

(빠빠지는 웃는다. 그리고 나서 긴 침묵)

당신의 모든 의심을 없애십시오. 모든 것을 지우십시오.

(새로운 질문자) 제가 지금 의심이 없다는 것이 흥미롭다는 것을 압니다. 의심은 저의 주요 장애물이었습니다.

일어나고 있는 일에 대해 궁금해하며 의심을 가지는 것은 매우 좋은 일입니다.

저는 지난 5일 동안 아무 의심이 없었습니다.

다시 말하건대, 의심을 가진다는 것은 좋은 일입니다.

네, 무슨 말씀이신지 이해합니다. 당신께서 그 의심을 없앨 수 있도록 의심을 가진다는 것이 좋은 일이라는 것을.

의심이 처음에는 틀림없이 있었습니다. 당신과 자유 사이에 이 의심이 있었음이 분명합니다. 어떤 이들은 전혀 의심이 없습니다. 이런 사람들은 완전한 어둠 속에 있습니다. 전적인 무지에서는 전혀 의심이 없지만 그런 상태에 있는 것은 아무런 이득이 되지 않습니다. 만약 당신이 무지 상태로 남아 있는 것에 완전히 만족한다면, 의심은 절대 일어나지 않을 것입니다. 의심은 당신이 무지로부터 빠져나올 가능성을 언뜻 보게 될 때만 생겨날 것입니다.

그것이 바로 제가 이 질문을 하게 된 이유입니다. 저는 너무 쉽게 타고 가고 있었던 것 같습니다. 저는 아무것도 걱정하지 않았는데, 잠시 동안은 그것이 재미있었지만 지금은 제가 이 상태에 갇혀 있는 것이 아닌가 하는 의심을 품기 시작하고 있습니다. 또 다른 상태로 옮겨가기 위해 더 많은 질문을 하고 더 많은 의심을 품을 필요가 있는 것은 아닌지 의심이 듭니다.

항상 의심을 가지십시오, 그리고 그 의심을 깨끗이 푸십시오. 의심은 없어져야 할 장애물입니다. 의심은 방해물입니다. 의심은 당신과 자유 사이에 있습니다. 전적으로 무지한 마음에서는 의심이 없습니다.

그런 사람은 경험되는 무지 수준에 아주 만족합니다. 자유에의 첫 단계는 의심을 갖고, 당신의 무지가 진정 감수하고 싶은 것인지 어떤지 의문을 품는 것입니다. 이런 의심이 생겨나면, 의심을 제거하도록 도와줄 사람을 찾아가십시오.

저는 과거에 의심이 아주 많았습니다. 제가 여기에도 그 의심을 많이 가져왔기에 당신도 아실 것입니다. 그러나 제가 지금 말씀 드리는 것은, 지난 5일간은 이 보통 있던 의심 중 어느 것도 마음속에서 일어나지 않았다는 것입니다. 저의 많은 의심은 제가 경전에서 읽은 것들, 저에게 이해되지 않던 것들에 집중되어 있습니다. 이제, 며칠 동안 당신의 말씀을 듣고 보니 제가 경전을 초월한 것 같이 느껴집니다. 어느 정도는 그것들을 저버린 듯합니다. 경전을 저버리고, 다르마가 어떤 것이며 또 어떤 것이어야 한다는 것과 관련된 생각을 저버리는 것은 어쨌든 큰 위안이 됩니다. 이런 생각들은 더 이상 저를 괴롭히지 않습니다.

훌륭합니다.

이런 생각들에 대해서는 더 이상 의심이 없었습니다. 그런 의심은 더 이상 일어나지 않았습니다.

매우 명쾌합니다. 계속 앞으로 나아가십시오.

지금 저는 더할 나위 없이 좋지만 집에 돌아가서도 이런 문제에 대해 아무런 생각을 하지 않는다면 역시 만족할 수 있을지 모르겠습니다. (웃음)

'다르마'에 대한 언급을 들으니 생각나는 글이 있습니다. 누군가 저에게 줬던 그 작은 책이 어디에 있습니까? 그 책에 의심에 대한 글이 있습니다.

(누군가가 리처드 클라크Richard Clarke가 번역한 승찬대사의 신심명信心銘의 번역본을 찾아내어 빠빠지에게 건네주었다. 승찬대사는 중국 선종의 제3대 조사였다. 빠빠지는 자신이 읽고 있는 부분에 대해 언급하기 위해 이따금씩 쉬어 가면서 본문 전체를 소리 내어 읽었다. 그는 또한 일부 몇 줄을 반복했다. 그가 두 번 읽은 본문의 부분은 밑줄이 쳐져 있다.)

선호들에 매여 있지 않은 사람들에게는
위대한 도道가 어렵지 않다.
사랑과 증오가 둘 다 없어지면,
모든 것은 가면을 벗고 분명해질 것이다.
하지만 가장 작은 구분이라도 한다면,

하늘과 땅처럼 한없이 떨어져 있을 것이다.

만약 진리를 알고 싶다면,

어떤 것에 대해 찬성이나 반대의 의견을 가지지 말라.

싫어하는 것을 반대하고 좋아하는 것을 내세우는 것은

마음의 병이다.

사물의 깊은 뜻이 이해되지 않으면

마음의 본질적 평화는 아무런 소용이 없이 방해받는다.

아무것도 부족하지 않고 아무것도 과잉되지 않는

거대한 공간처럼 위대한 도는 완전하다.

진실로, 우리가 사물의 본질을 보지 못하는 것은

받아들이거나 거부하는 우리의 선택 때문이다.

외부의 일과 얽혀서도 살지 말고,

'공'이라는 내면의 느낌 안에서도 살지 마라.

사물들의 단일성 안에서 고요하라.

그러면 그런 잘못된 견해는 저절로 사라질 것이다.

수동을 얻으려 활동을 멈추려고 노력하면

당신의 노력 자체가 당신을 활동으로 채운다.

당신이 한 극단이나 또 다른 극단으로 있는 한

결코 단일성을 알지 못할 것이다.

한결같은 방식으로 살지 않는 사람들은

적극과 수동, 긍정과 부정 둘 다가 모자란다.

사물의 실재를 부정하는 것은

그것들의 실재를 못 보는 것이다.

사물의 공을 긍정하는 것은

그것들의 실재를 못 보는 것이다.

그것에 대해 더 많이 이야기하고 더 많이 생각할수록

진리로부터 더 멀어질 것이다.

이야기하고 생각하기를 멈추어라.

그러면 당신이 알 수 없는 것은 아무것도 없을 것이다.

근원으로 돌아가는 것은 의미를 찾는 것이다.

그러나 현상을 추구하는 것은 근원을 보지 못하는 것이다.

깨달음이 일어나는 순간

현상계의 초월이 있다.

(빠빠지는 강조된 반복 부분을 계속 이어 가기 전에 혼자 웃으시면서, "그래, 정말 멋지다!"라고 감탄했다.)

깨달음이 일어나는 순간

현상계와 공을 넘어서는 초월이 있다.

단지 우리의 무지 때문에

우리는 공의 세상에서 일어나는 변화들을 실재라고 부른다.

진리를 탐구하지 말라.

오직 견해들을 일으키는 것을 멈추어라.

이원적인 상태에 머물러 있지 마라.

그런 추구들을 조심스럽게 피하여라.

만약 이것과 저것, 옳음과 그름 사이의 흔적이라도 있다면

마음의 본질은 혼란스러움 속에서 방황하게 될 것이다.

비록 모든 이원성이 하나에서 나온다 할지라도

이 하나에조차 매여 있지 말라.

(마지막 질문자에게 몸을 돌리며) 이 시행을 이해해야 합니다.

제가 이해하기엔 너무 어렵습니다.

그렇습니다. 그래서 제가 거기서 멈춘 것입니다. 책에는 "이 하나에
조차 매여 있지 말라."고 했습니다. 이 부분에서 그의 뜻이 아주 분명
하지 않기 때문에 제가 설명해 주겠습니다. 당신이 이원성을 떠났다
면, 그것은 한때는 당신이 이원성을 타당한 것으로 받아들였다는 뜻입
니다. 받아들이는 것과 받아들이지 않는 것은 둘 다 결정입니다. 당신
이 이원성을 부인하면 남는 것은 '하나'입니다. 그렇지 않습니까? 모든
이원성이나 이원성에 대한 모든 개념은 단일성에서 나오고, 이원성이
버려지면 남는 것은 단일성입니다. 그런데 그는 "이 하나에조차 매여
있지 말라."고 말합니다. 당신은 여기까지는 명확하게 이해를 했지만
저는 이제 이 행이 무엇을 의미하는지 설명해야겠습니다. 그는 당신에
게 하나의 개념으로서 '하나'에 집착하지 말라고 합니다. '하나' 와 '둘'

은 서로 연관되어 있는 두 개의 개념입니다. 하나에 대한 개념이 없다면 둘에 대해 말할 수 있습니까? 말할 수 없겠지요.

네, 솔직히 말할 수 없습니다.

둘은 하나 더하기 하나입니다. 당신이 이런 식으로 보면, 적어도 지금 진행되고 있는 것에 대한 당신의 관념 속에서는 단일성이 이원성으로 들어갑니다. 하나가 아직 개념일 때에는 둘은 항상 하나와 관계를 맺습니다. 그러나 이원성이 사라지면, 하나는 어디에 있습니까? 그것은 어디에 있단 말입니까?

둘 안에? 다시 둘 안에? 정말 모르겠습니다.

둘의 개념, 즉 이원성의 개념을 잃게 되면, 단일성도 또한 사라집니다.

맞습니다.

당신이 하나이고, 단일성 안에 홀로 있을 때는 관계를 맺을 둘이 없기 때문에 당신은 자신을 '하나'라고 세지 않습니다. 둘이 전혀 존재하지 않으면, 하나도 역시 존재할 수 없습니다.

우리가 잘 때 무슨 일이 일어납니까? 우리는 모두를 거부합니다. 많은 사람들은 당신이 깨어 있을 때 당신을 만나러 왔습니다. 아마도 당신은 어떤 결혼식장에, 즉 자신의 결혼식장에 있었을 것이고 거기서 많은 친구들, 친지들과 교류를 하고 있었습니다. 모든 사람이 한 명씩 떠나며 '작별인사'를 합니다. 이제 당신은 신부와 남게 되었습니다. 오직 둘만 남아 있으며 잠자리에 들 시간입니다. 당신 둘은 같은 방, 같은 침대의 그곳에 있습니다. 당신이 새 신부에게 '잘 자요'라고 말하면 둘은 사라지고, 당신이 깊은 잠 속으로 빠져드는 순간, 하나 또한 사라집니다. 당신은 하나도, 둘도 존재하지 않는 곳으로 들어갑니다. 하나가 가 버려 그것이 사라지면, 다른 모든 것도 그것과 함께 사라집니다. 그곳에서는 하나와 둘에 대한 생각이 생겨나지도 존재하지도 않습니다.

그 하나 이외의 다른 어떤 것에 대해 말하고 생각하지 않으면 당신은 하나에 대해 생각조차 할 수 없습니다. 당신이 참나로 돌아가면 이원성은 없어지고, 하나도 그것과 함께 사라집니다. 참나는 하나, 둘의 단위로 셀 수 있는 것이 아닙니다. 하나도 둘도 그곳에는 존재하지 않습니다. 이것이 바로 이 대선사께서 당신에게 말하고자 한 것입니다. 당신은 둘뿐만 아니라 하나의 개념도 거부해야 합니다.

> 비록 모든 이원성이 하나에서 나온다 할지라도
> 이 하나에조차 매여 있지 말라.

저는 앞에서 당신이 거부할 수 있는 모든 것을 계속 거부해 나가야 한다고 말했습니다. 이 하나도 당신이 거부해야 할 것 중의 하나입니다. 모든 것을 내가 아닌 것으로 거부하십시오. 즉 "나는 다수가 아니다. 나는 부모가 아니다. 나는 형제들이 아니다. 나는 아들이 아니다."라고 모든 것을 거부하십시오. 그러면 당신은 부득이 하나가 될 수밖에 없습니다. 그것 또한 거부하십시오. 당신이 스스로에게 "나는 마음이 아니고, 육체도 아니며, 자아도 아니고, 지성도 아니다."라고 말할 때, "나는 하나가 아니다."라는 말도 덧붙이십시오. 그것 또한 거부하고 난 뒤에 남아 있는 것의 고요함 속에서 쉬며, 당신에게 스스로 모습을 드러내는 것을 보십시오.

> 마음이 도에서 방해받지 않고 존재할 때
> 세상의 어떤 것도 불쾌감을 줄 수 없고,
> 어떤 것이 더 이상 불쾌감을 줄 수 없으면
> 사물은 예전의 모습으로 존재하지 않는다.

'사물은 예전의 모습으로 존재하지 않는다.' 산은 산이라도 다른 산이 될 것입니다. 나무는 나무라도 다른 나무가 될 것입니다. 그 사람은 다른 사람이 될 것입니다. 사물은 동일할 것이지만, 그 사물을 바라보는 방식은 다를 것입니다.

> 분별하는 생각이 일어나지 않을 때
> 예전의 마음은 존재하지 않게 된다.
> 생각의 대상들이 사라지면
> 생각하는 주체가 사라진다.
> 마음이 사라지면 대상이 사라지는 것처럼.

'생각의 대상들이 사라지면.' 이것은 당신이 생각의 대상들과 더불어 탐구를 시작해야 할 출발점입니다. 당신이 "나는 몸이다."라고 말하면, 몸은 생각의 대상입니다. 그곳에서 출발하십시오. "나는 팀이다." 이 생각이 사라지면, 팀이라고 생각했던 '나' 또한 사라집니다. 생각의 대상을 가진 마음이 사라지면, 그 대상은 스스로 소멸합니다. 당신이 잠자리에 들 때 어떤 일이 일어나는지 생각해 보십시오. 마음이 사라지고, 마음이 이전에 인지했던 모든 대상들도 사라집니다.

> 사물은 주체(마음)가 있기 때문에 대상이다.
> 마음(주체)은 사물(대상)이 있기 때문에 주체이다.

사물은 그들을 인식하는 주체 때문에 대상이 됩니다. 마음은 그것이 인식하는 사물 때문에 바로 본체입니다. 마음은 그것이 보는 대상 때문에 주체입니다. 그들 둘은 함께 나타나고 사라집니다. 둘 중에 하나가 없으면 다른 하나도 존재할 수 없습니다.

이 둘의 상대성과
그리고 바탕이 되는 실재, 공의 통일성을 이해하라.
이 공 안에서는 둘은 구별될 수 없다.
그리고 각각은 그것 안에 온 세상을 담고 있다.
만약 거친 것과 세련된 것을 구별하지 않으면
편견을 갖거나 의견을 내세우고 싶지 않을 것이다.
큰 도를 이루어 산다는 것은 쉽지도 어렵지도 않다.
하지만 제한된 시각을 가진 이들은
두려워하고 우유부단하다.
그들이 빨리 서두르면 서두를수록 그들은 늦게 가게 되고
집착(애착)은 제한될 수 없다.
심지어 깨달음이라는 생각에 집착하는 것도
길을 잃는 것이다.

아 하! 정말 멋지다! '심지어 깨달음이라는 생각에 집착하는 것도 길을 잃는 것이다.' (잠시 웃는다.) 우리는 앞서 명상, 생각, 결정에 대해 이

야기하고 있었습니다. 이것은 다르마입니다! 이것은 다르마입니다!

단지 사물을 그들의 방식대로 있도록 놓아두어라.

그러면 나타나고 사라짐이 없을 것이다.

사물들의 본성, 당신 자신의 본성에 복종하라.

그러면 자유롭게 방해받지 않고 걷게 될 것이다.

생각이 굴레 속에 있으면, 진리는 감추어진다.

모든 것이 애매하고 불분명하기 때문에

그리고 번거롭게 판단하는 일은

괴로움과 피곤함을 가져온다.

구분과 분리로부터 어떤 이득을 얻을 수 있는가?

만약 위대한 도로 나아가고자 한다면

감각과 생각의 세계마저도 싫어하지 마라.

진정으로 그것들을 온전히 받아들이는 것은

진정한 깨달음과 같은 것이다.

현명한 사람은 어떤 목표에도 이르려고 애쓰지 않지만

어리석은 사람은 자신을 구속한다.

다르마는 다수가 아닌 하나이다.

구별은 무지한 자들의 집착하는 욕구로부터 생겨난다.

마음으로 마음을 찾는 것은 모든 잘못 중 가장 큰 잘못이다.

쉼과 쉬지 못함은 환영으로부터 파생된다.

깨달음이 있으면 좋음과 싫음이 없다.

모든 이원성은 무지한 추론에서 생겨난다.

그것들은 꿈이나 공중의 꽃들과 같다.

그것들을 잡으려고 하는 것은 어리석다.

이득과 손실, 옳음과 그름,

그런 생각들은 결국엔 즉시 없어져야 한다.

만약 눈이 결코 잠들지 않으면

모든 꿈들은 자연스럽게 끝날 것이다.

마음이 아무런 구별을 만들어 내지 않는다면

만 가지 일이 있는 그대로 있을 것이다, 하나의 본질로.

이 하나의 본질의 신비를 이해하는 것은

모든 혼란으로부터 해방되는 것이다.

모든 사물이 똑같이 보이면

시간을 초월한 참나의 본질에 도달한 것이다.

이 원인도 없고 관계도 없는 상태에서는

어떤 비교나 유추도 가능하지 않다.

(빠빠지는 웃고 나서 마지막 문장을 반복했다.) '이 원인도 없고 관계도 없
는 상태에서는 어떤 비교나 유추도 가능하지 않다. '

정지된 움직임과 움직이고 있는 정지됨을 생각해 보라.

움직임과 쉼 둘 다 사라진다.

그런 이원성이 사라질 때……

오호! 이것이 바로 제가 이야기하던 것입니다. 저는 당신에게 그것을 설명하고자 했지만, 그는 직접 다음 시행에서 그것을 설명하고 있습니다.

그런 이원성이 사라질 때
단일성 그 자체도 존재할 수 없다.

그가 해냈습니다! 그는 직접 이것을 설명했습니다. 저는 그가 이것을 말할 것이라고 생각하지 못했습니다. 그래서 앞에서 그것을 직접 설명했습니다. 이 시는 매우 좋습니다. 훌륭합니다. 저는 이 시를 처음으로 읽고 있습니다. 만약 그가 직접 이 말을 할 것이라는 걸 알았다면, 저는 앞에서 멈추지 않았을 텐데……

정말입니까? 스승님은 전에 이 글을 보신 적이 없으십니까? 아주 유명한 글인데요.

그렇습니다. 저는 다른 어떤 것이나 어떤 곳의 도움 없이 그것들에 대해 생각하며, 처음으로 이 글을 읽고 있습니다. 아주 훌륭합니다. 아니, 그보다 훨씬 더 대단합니다. 탁월합니다!

이 궁극적인 최종 상태에는
어떤 법칙이나 설명도 적용되지 않는다.

어떠한 법칙도 그 상태에서는 작용하지 않고, 어떠한 새로운 사실
도 타당하지 않습니다. 어떤 것도 거기서는 적용되지 않습니다. 이 상
황은 어떤 것입니까? 이것이 바로 당신이 알고 경험해야만 하는 것입
니다.

도와 일치하여 하나가 된 마음에는
모든 자기중심적 노력이 멈춘다.
의심과 망설임은 사라지고
진실한 믿음의 삶이 가능하다.
단 한 번의 노력으로 우리는 속박에서 벗어난다.
아무것도 우리에게 붙어 있지 않고
우리도 어떤 것에도 집착하지 않는다.
마음의 힘을 쓰지도 않으면
모든 것이 비어 있고, 분명하고, 스스로 빛나고 있다,
여기에서는 생각, 감정, 지식 그리고 상상이 아무런 가치가 없다.
이 본질의 세계에서는
자아도 없고, 자아 이외의 다른 것도 없다.
이 실재와 바로 조화를 이루기 위해서는

단지 의심이 일어날 때, '둘이 아니다.'라고만 간단히 말하라.

이 '둘이 아니다.'라는 데서는 아무것도 분리되어 있지 않고

아무것도 배제되지 않는다.

언제 어디서나

깨달음은 이 진리로 들어가는 것을 의미하고

이 진리는 시간이나 공간의 확대나 축소를 초월하는 것이다.

그 안에서 단 하나의 생각은 만 년이 된다.

(다시 웃으며) 이것이 우리가 여기서 이야기하고 있는 것입니다. 이것이 우리가 여기서 이야기하고 있는 공간입니다. '단 하나의 생각은 만 년이 된다.'

여기에도 공, 저기에도 공

그러나 무한한 우주는 펼쳐져 있다

항상 당신의 눈앞에

무한히 크고, 무한히 작은.

어떤 차이도 없다. 명확한 한계가 사라졌고

어떤 경계도 보이지 않기 때문이다.

존재와 비존재의 경우에도 마찬가지다.

깨달음과 아무 관련이 없는

의심과 논쟁에 시간을 낭비하지 마라.

(빠빠지가 읽고 있던 리처드 클라크의 번역본은 실제로 '이것과 아무 관련이 없는'이라고 말하지만, 빠빠지는 웬일인지 이것을 '깨달음'으로 바꾸어 읽고, 그 바꾼 단어를 사용하여 마지막 두 시행을 반복해서 읽었다.)

하나의 사물, 만물은

구별이 없이

함께 움직이고 뒤섞인다.

이런 깨달음으로 살아가는 것은

완벽하지 않음에 대한 걱정이 없다는 것이다.

이런 믿음 안에 사는 것은 비이원성으로 가는 길이다.

왜냐하면 비이원성은 믿는 마음과 일치하기 때문이다.

말!

도는 언어를 넘어선 것이다.

왜냐하면 그 안에는

 어제도 없고

  내일도 없으며

    오늘도 없기 때문이다.

이 시가 마음에 듭니까?

네, 매우 아름답습니다.

그렇습니다. 매우 아름답습니다. 대단한 가르침입니다! 당신은 이보다 더 훌륭한 가르침은 듣지 못할 것입니다. 당신이 이 가르침을 들을 때는 어느 것에도 집착할 수 없습니다. 그 점이 이 글의 아름다움입니다. 당신은 당신에게 자유를 주는 어느 문장, 어느 단어, 어느 가르침에도 집착할 수 없습니다.

13

'나'가 사라지는 이곳이 지혜입니다

오늘 저는 의심들에 휩싸여 있습니다. 아주 크고 거대한 의심들에……. 제가 보고 있는 모든 곳에서 그 의심들을 봅니다.

의심들은 당신이 무엇을 하고 있는지 또는 무엇을 해야 한다고 생각하는지와 관련되어 있습니다. 당신은 어떤 높고도 위험한 산을 올라가고 있다고 상상합니다. 이런 상상 속에서 험준하고 가파른 바위와 빙하, 얼음 등을 봅니다. 당신은 이러한 것들을 상상하고는 미끄러지고 떨어져서 죽는 것을 상상합니다. 그러나 저는 당신은 이미 산을 다 올라갔다고 말하고 있습니다. 당신은 모든 힘든 일들을 다 이겨냈습니다. 정상에서 겨우 몇 발자국 떨어진 안정된 대지 위에 서 있습니다. 그리고 산을 올라와 만나려고 한 그 현존과 정면으로 마주하고 있습니다. 당신이 해야 할 것은 아무것도 없습니다. 이제는 더 이상 아무것도 필요하지 않습니다.

어떻게 하면 어떤 노력도 없이 이 의심을 극복할 수 있습니까?

당신이 하고 있는 모든 노력은 상상 속에서 일어나고 있습니다. 당신은 정상에 올라야만 한다고 상상했기 때문에, 거기에 도달하기 위해서 많은 상상적 노력을 쏟아 부었습니다. 당신은 가상의 시나리오에 너무 붙잡힌 나머지, 자신이 이미 산꼭대기의 안정된 평지에 있다는 것을 깨닫지 못했습니다. 당신이 올라가야 할 곳은 어디에도 없었습니다. 그러나 상상 속에서 당신은 가파른 경사면에서 떨어질 위험에 처해 있다고 생각했습니다. 당신 자신에게 "나는 그 현존과 정면으로 마주하고 있다."고 말하십시오. 당신의 노력을 홀로 내버려두십시오. 모든 것을 떠나십시오. 노력은 걸림돌일 뿐입니다.

스승님이 이야기하고 있는 이 장소에 저 자신이 있음을 알지 못하겠습니다. 지금 있는 곳에서 제가 보는 모든 것은 상상 뿐입니다.

당신은 '보는 자'가 되어야 합니다. 가상의 대상들을 보고 발버둥 치는 개인적인 존재가 아니라, 그 밖의 모든 것을 꿰뚫어보는 '보는 자'가

되어야 합니다. 당신은 이미 그런 보는 자입니다. 당신이 바로 지금 그런 위치에 있기 때문에, 그런 위치나 그런 조망에 도달하려고 애쓸 필요는 없습니다. 당신은 다만 이것이 사실이 아니라고 생각하고 있을 뿐입니다.

어제 스승님은 자신의 경험들에 대해서 말씀하셨습니다. 그러면서 경험, 즉 깨달음이 먼저 있은 후에 그것에 대한 이해가 나중에 왔다고 하셨습니다.

그렇습니다. 먼저 경험을 했으나 저는 그 경험을 대입시킬 만한 아무런 배경도 없었고 무엇이 일어났는지 저 자신에게 설명할 길도 없었습니다. 저는 나중에 이해되었다고 말하지만, 그것도 엄밀하게는 사실이 아닙니다. 경험은 여전히 있지만, 저는 결코 그것을 이해하지는 못했습니다.

저의 경험은 그와 역순인 것 같습니다. 어떤 종류의 이해가 있었던 것 같고 그 이후 경험이 뒤따랐습니다.

'역순reverse'이라는 말은 또한 '뒤로 가는 것'을 의미합니다. 당신은 이해를 얻기 위하여 자신을 떠났고, 그 다음에는 그 경험을 얻기 위하여 나아갔던 길을 따라 뒤쪽으로 돌아간 것입니다. 이해를 얻기 위하여 참나를 떠난 일과 경험을 주장하기 위하여 참나로 다시 돌아온 일은 상상 속에서 일어났지 실제로는 결코 일어나지 않았습니다. 당신은 어디에도 가지 않았습니다. 단지 꿈의 여행을 한 것입니다. 당신은 뉴욕으로 가는 것을 꿈꿀 수 있으며, 그 꿈속에서 당신의 잠자리가 어디에 있든 그곳으로 갈 수 있지만, 깨어나면 실제로는 전혀 여행하지 않았다는 것을 즉시 알게 됩니다. 당신은 다른 곳에 전혀 가지 않고 줄곧 방에서 잠을 잔 것입니다.

당신이 노력과 사다나에 대해서 꿈을 꾸고 있는 동안, 이 모든 것들을 하는 척하고 있는 동안, 참나는 아무것도 하지 않고 있습니다. 참나는 참나입니다. 그것은 어디로도 움직이지 않고 아무것도 하지 않습니다. 그것은 아무 노력도 하지 않고, 밖으로 나가서 다시 그것 자신에게로 되돌아오지도 않습니다. 이 모든 일이 당신의 상상 속에서 진행됩니다. 비참나는 결코 참나가 될 수 없습니다. 비참나는 참나를 찾아 돌아다니는 자입니다. 그리고 그가 목표에 도달하기 위해 역경을 겪고 있다고 상상합니다. 아무런 노력이 없이 비참나는 참나가 될 것입니다. 참나는 참나 자신으로 남아 있기 위해 아무런 노력을 필요로 하지 않습니다. 그것은 그냥 존재할 뿐입니다.

네, 저도 그것을 압니다. 저는 제가 방심하지 않은 채로 떠오르는 생각들을 지켜보기 위해서는 어떤 노력이 필요하다는 것을 압니다. 만약 그런 노력과 경계를 계속하지 않는다면 마음속의 내용물들에 꼬드김 당해 그 현존을 잊어버리고 말 것입니다.

현존은 당신 자신입니다. 현존은 참나입니다. 참나는 당신 자신입니다. 그러니 당신은 자기 자신으로 존재하기 위하여 경계할 필요가 없습니다. 당신은 이미 그것입니다. 당신이 참나가 아니라고 느낀다면, 만약 그렇게 느낀다면, 생각들이 일어날 때 경계를 해야만 합니다. 왜냐하면 그러한 생각들이 당신을 참나로부터 멀리 떼어 놓을 것이기 때문입니다. 그 생각들은 당신을 비참나의 상상적 세상으로 데려갈 것입니다. 그곳에서 당신은 집으로 되돌아가는 방법에 대해 생각하기 시작해야만 합니다. 만약 당신이 이 길을 선택했다면, 이런 비참나의 생각이 어떻게 일어나는지 지켜보기 위해 모종의 경계를 유지할 필요가 있습니다. 그것은 어딘가로부터 일어납니다. 당신이 그 어딘가의 장소를 발견한다면, 비참나의 생각은 다시 그곳으로 되돌아가서 사라질 것입니다.

그것이 제가 어제 혼란스러웠던 바로 그 부분입니다. 저는 제가 마음의 내용물들에 의하여 점점 더 속게 되었다는 것을 이해했습니다. 이 문제를 해결하기 위해 노력을 이용하기를 원치 않습니다만, 그와 동시에 경계를 유지하기 위해서는 약간의 노력이 요구된다는 것을 발견합니다. 저는 저를 현재로부터 떼어 놓는 생각들이 일어나는 것을 자각해서, 그 생각들과의 교제를 중단하고 현재에 있기를 원합니다. 그러나 제가 노력을 이용하지 않기로 더욱 의도적으로 선택하면 할수록, 저는 더욱더 마음의 내용물들에 속게 되었습니다.

노력의 개념이 마음속에 일어나기 위해서는, 그것에 대한 생각이 있었음에 틀림없습니다. 맞지 않습니까? 하나의 생각이 일어나고, 그 생각은 "나는 노력을 해야 해."라고 당신에게 말합니다. 이런 생각들이 일어난 이후에야 당신은 비로소 어떤 노력을 하기로 마음먹거나 아니면 이 생각을 무시하기로 마음먹을 것입니다. 그러나 그것조차도 최초의 생각, 처음의 생각은 아닙니다. "나는 노력을 해야 해."라는 생각이 일어나기 위해선 반드시 그 생각을 하는 '나'가 있어야만 합니다. 그 '나'라는 것 자체도 하나의 생각입니다. 그러므로 처음으로 일어난 생각은 바로 이 '나'이며, 이것이 나중에 당신이 노력을 할 것인가 말 것인가를 결정하게 됩니다.

이 '나'라는 생각이 거기에 있습니다. 이것이 어디로부터 오는지를 살펴봅시다. 지난 며칠 동안 이 상황이 몇 차례 일어났습니다. 우리 모두는 여기에 앉아 있었습니다. 누군가가 이와 같이 의문을 제기했습니다. 그리고 저는 답으로 질문자에게 '나'가 처음에 일어난 곳을 찾아내고 그곳으로 되돌아갈 것을 추천했습니다. 제가 오늘 처방하고 있는 것은 전혀 새로운 것이 아닙니다. 저는 당신들 모두에게 이 문제에 대해 공부하라고 말해 왔습니다. 즉 그 '나'가 온 곳을 찾아내고, 그것을 따라 되돌아가 처음 출발점으로 가라고 말했습니다. 저는 당신들 모두에게 이렇게 하도록 요청했습니다. 왜냐하면 만약에 당신들이 자신 속에서 '나'라는 생각이 일어나는 그 지점, 그 장소를 찾을 수 있다면, 그 '나'라는 생각은 사라질 것이기 때문입니다.

그 최초의 '나'라는 생각이 그것의 근원으로 돌아가 사라지면, 그와 더불어 모든 것이 사라집니다. 그 순간 당신은 당신이 말하고 있는 '현재'에 있게 됩니다. 그리고 그때 당신은 참나입니다. 당신이 그곳에 머물면서 스스로 그것을 안다면, 그것이 참나입니다. 그것이 자유입니다. 거기로부터 당신은 어디로 가야만 합니까? 무엇을 이루어야만 합니까? '나'가 소멸하는 이곳이 지혜입니다. 이것은 말로 표현할 수 없습니다. 어느 누구도 그것이 무엇인지를 정확히 기술하지 못했습니다. 그곳에서 당신은 아무런 노력을 할 필요가 없을 것입니다. 거기에서 당신이 어떤 노력을 할 가능성이 있겠습니까?

이곳은 노력이 일어나지 않는 곳입니다. 생각조차도. 왜 이 모든 생각들이 일어나도록 해야 합니까? 당신에게 선택과 행동을 강요하고, 또한 당신을 참나와 떼어 놓게 될 그런 생각들을 왜 일어나게 해야만 합니까?

당신이 그곳을 떠나려고 결심할 때 어떤 일이 일어납니까? 바로 '나'라는 생각이 일어납니다. 감각들이 정보를 수집합니다. 그리고 그것은 '나'라는 생각에게 먹을 것을 공급합니다. 그리고 나서 당신은 '나'와 연관된 지각들과 관념들에 관하여 선택을 하기 시작합니다. 이 모든 과정들이 당신을 곤란에 빠뜨립니다. 이러한 모든 것이 일어나게 할 필요가 어디 있습니까? '노력'이나 '비노력'에 대한 생각이 전혀 없는 그곳에 머무르십시오. '나'라는 생각조차도 떠오르지 않는 그 장소에 머무르십시오. 그곳은 아주 고요합니다. 너무 고요해서 말들은 방해물이 됩니다. 우리가 이야기를 할 때, 말들은 생겨나서 그 찰나의 고요한 흐름을 방해합니다. 지혜의 자연스러운 흐름은 이 말들에 의해 방해를 받게 됩니다.

마음은 그것 자체의 힘을 가지고 있는 듯합니다. 우리 모두는 스승님의 말에 동의할 수 있습니다. 그러나 그것은 우리 마음이 계속해서 바빠지는 걸 막지는 못합니다.

마음은 과거입니다. 만약 당신이 현재에 있다면, 결코 마음을 볼 수 없을 것입니다. '현재'에서는 전혀 마음을 볼 수 없습니다. 이 '현재'는 확실하게 설명할 수 없습니다. 당신이 과거를 보지 않는다면 그것은 그냥 거기에 존재합니다.

마음은 자기 방식대로 사물들을 다루기를 원합니다. 그것은 생각들과 행동들을 통해서 해결할 수 있는 문제들을 가지는 것을 좋아합니다.

이것은 허니문을 가기 전에 일어나는 일종의 대화입니다. 이러한 모든 생각들을 잊어버리십시오. 그 생각들을 뒤에 남겨두십시오. 당신이 신혼 방으로 들어가면 다른 모든 사람들은 떠납니다. 당신은 혼자 그 신혼 방으로 들어갑니다. 언어들의 세상을 뒤에 남겨두고 신부를 만나기 위해 들어가십시오. 대화는 이제 끝났습니다. 신부를 대면하십시오. 거기에 다른 사람은 아무도 없습니다.

14

이것이 당신이 '하는' 일이라는
마음의 확신을 버리십시오

저에게는 중국 선불교의 제3대조가 쓰신 그 아름다운 시 복사본이 있습니다. 짐Jim이 그것을 저에게 주었습니다. 그런데 그 중 이해할 수 없는 단락이 하나 있습니다.

제가 최근에 읽어 준 책과 같은 책인가요?

네, 같은 것입니다. 이것이 바로 이해가 안 되는 부분입니다. (그는 스승에게 그 부분을 보여 주고 스승은 그걸 소리 내어 읽는다.)

  진실로, 우리가 사물의 본질을 보지 못하는 것은

받아들이거나 거부하는 우리의 선택 때문이다.

이 부분을 이해하지 못한다는 건가요? 바로 이 시행들을?

저는 정말로 그것이 무슨 뜻인지 모르겠습니다.

당신이 어떤 것을 받아들이거나 거부하는 선택권을 가지고 있다고 말해 봅시다. 당신은 그것을 좋아하면 받아들일 것이고, 싫어하면 거부할 것입니다. 이것이 일어날 수 있는 두 가지 상황입니다.

자, 당신이 잠이 든다고 상상해 봅시다. 침대에서 깊은 잠이 든다고. 아름답고 매력적인 여인이 방에 들어와서 당신의 침대에 앉습니다. 당신은 그녀에게 욕정을 가지지 않습니다. 잠이 들었기 때문에 그녀에게 욕망을 느끼지 않습니다. 그녀는 일어나서 떠납니다. 그녀가 거기 있는 동안, 당신은 그녀를 받아들이지도 거부하지도 않았습니다. 당신의 마음이 그녀를 인식하여 그녀가 매력적인지 아닌지를 선택하지 않기 때문에, 그녀는 당신에게 아무런 인상을 주지 못했습니다.

다음에는 당신과 싸우고자 하는 남자가 걸어 들어옵니다. 그는 당신에게 화가 나서 싸우려고 왔습니다. 그는 당신이 침대에 누워 자는 걸 보고는 깨어나기를 기다리다가 "그가 깨어나면 다시 와서 내가 그에 대해 어떻게 생각하고 있는지 말해야겠어."라고 생각하며 가 버립니다.

당신은 그를 받아들이지도 거부하지도 않았습니다. 당신의 마음이 그곳에 있지 않았기 때문에, "나는 그를 받아들이겠다." 또는 "나는 그를 거부하겠다."라는 생각이 생겨날 수 없었습니다. 당신은 깊은 잠이 들었던 것입니다.

만약 깨어 있을 때 당신이 마음을 방해받지 않는 곳에 둘 수 있다면, 당신은 그곳에서도 같은 방식으로 살 수 있습니다. 누군가가 와서 "오, 당신은 아주 멋진 사람이군요!"라고 말합니다. 그 말을 듣고 우쭐해하지도, 기뻐하지도 마십시오. 만약 같은 사람이 "저는 당신이 싫어요." 라고 말하면 똑같이 무반응의 태도를 취하십시오. 저는 당신이 모욕을 무시하면서도 마음이 상하고 기분 나쁜 그런 상태를 말하는 것이 아닙니다. 모욕을 받고도 그 모욕에 반응할 마음이 없는 상태를 이야기하고 있습니다. 만약 당신이 그런 장소나 그런 상태에 머물 수 있다면 칭찬을 들어도, 모욕을 받아도 당신은 미소를 지을 것입니다.

이것이 깨어 있는 수면의 상태입니다. 그것은 마음이 없다는 점에서는 수면과 같습니다. 그러나 당신이 여전히 세상을 보고 그것을 다루고 있기 때문에 거기에는 깨어 있음이 있습니다.

달이 하늘 저기에 있습니다. 저는 그 달을 보고 소리를 지르거나 침을 뱉을 수 있습니다. 저는 꽃을 던짐으로써 그것을 숭배할 수도 있고 노래로 찬미할 수도 있습니다. 그렇다고 달이 어떻게 저의 행동에 영향을 받겠습니까? 전혀 받지 않습니다. 달은 다만 달빛을 계속 비출 뿐입니다. 우리는 처신을 잘 할 수도, 잘못 할 수도 있습니다. 우리는 싸울 수도 명상할 수도 있습니다. 달빛이 이런 것들에 어떻게 영향을 받겠습니까? 텅 빔의 경우도 마찬가지입니다. 우리는 '텅 빔' 안에 앉아 있습니다. 이 네 개의 벽 안에 '텅 빔'이 있습니다. 우리는 명상하고 있을 수도, 아니면 무엇인가 다른 일을 하고 있을 수도 있습니다. 우리가 어떤 일을 하고 있건 안 하고 있건, '텅 빔'은 어떤 방법으로도 영향을 받지 않습니다. 우리가 있든 없든 이 네 개의 벽 안에 있는 이 '텅 빔'이나 이 공간에는 아무런 차이가 없습니다.

당신은 모든 것이 나타나고 사라지는 그 '텅 빔'입니다. 당신은 그것들 중의 어떤 것도 아닙니다. 그것들의 이 활동들과 비활동들은 당신에게 닿지 않습니다. 그것들이 있고 없고는 진정한 당신의 내용에는 아무런 차이를 만들지 못합니다. 항상 당신은 비어 있습니다.

그것을 그런 식으로 표현하니 완전히 이해가 됩니다.

아무것도 여태 그곳에 들어가지 못했습니다. 아무것도 그곳에 들어갈 수 없습니다. 저는 '나'라는 생각조차도 존재하지 않는 장소에 대해 말하고 있습니다. 받아들이고 거부하기 위해서는 '나'가 필요합니다. '나'라는 생각이 있기 전에는 어떤 수용이나 거부도 있을 수 없습니다.

이곳은 '나'가 거주할 수 없는 곳입니다. 심지어 최초의 생각으로서조차.

이 '나'는 마음의 근원일 뿐만 아니라, 세상과 세상의 창조자의 근원이기도 합니다. '나'가 존재할 수 없는 그곳, 그 상태에서는 아무런 창조도 창조자도 없습니다. 받아들이거나 거부할 선택들을 만드는 창조된 존재들도 없으며, 결코 있을 수 없습니다. 창조자와 그의 창조물은 '나'가 나타난 후에야 일어납니다. 만약 '나'가 나타나지 않으면, 창조자도 없습니다.

"태초에 말씀이 있었고, 말씀은 곧 하나님이었다."라고 말합니다. 그 말씀, 그 이름은 제가 말하고 있는 이 '텅 빔'에서부터 나옵니다. 참나의 '텅 빔'은 그 둘보다 이전에 존재합니다. 그곳은 매우 조용합니다. 아주 조용합니다.

이것에 대한 매우 실용적인 질문을 하나 해도 되겠습니까? 도망칠 곳이 없는 곳에서 제 앞에 갑자기 코브라가 덤벼듭니다. 저는 도망칠 가능성도 없이 코너에 몰려 갇혔습니다. 제가 선택을 할 수 있는 시간은 순간입니다. 저는 그것을 죽일 수도, 무시할 수도 또는 그것에게 물려 죽을 수도 있습니다. 철학적이 되는 것은 이 문제를 풀 수 없습니다. 그 순간 저는 아주 현실적인 선택을 합니다. 이와 같은 상황에 대해 이시는 뭐라고 합니까? 저는 단지 조용히 서서 사태의 진전을 기다려야만 합니까? 삶과 죽음 사이에서 선택을 할 수는 없습니까?

이런 상황에서 당신은 이성적 심사숙고에서 나온 선택을 하지 않습니다. 당신은 거기에서 "만약에 내가 아무것도 하지 않으면 그것이 나를 죽일 것이다."라든지 "그것이 나를 공격하기 전에 내가 공격해야만 한다."와 같은 생각을 하며 서 있지는 않습니다. 그런 상황에서는 자연스러운 행동이 나올 것입니다.

네, 무슨 말씀이신지 알겠습니다.

생각과 행동 사이에서 나타나는 이 중간적 사고 과정은 참으로 어리석은 것입니다. 그것은 삼사라, 까르마에 속합니다. 삼사라에 있는 사람들은 생각하고 나서 행동합니다. 그러고 나서 나중에 이미 한 일에 대해 걱정합니다. 만약 당신이 '참나' 속에 산다면, 당신은 행동하고 그리고 망각합니다. 어떠한 생각도 행동을 재촉하지 않으며, 생각들은 행동이 완료된 후에 그것을 분석하고 판단하지 않습니다. 이것이 차이입니다. 행동하고 잊어버려라. 키스하고 잊어버려라. 뺨 때리고 잊어버려라. 이것은 오직 당신이 자신의 본성을 알고 있을 때만 일어납니다.

사물의 진정한 본성을 알기 위해서는 먼저 자신의 본성을 알아야만 합니다. 자신의 본성을 아는 것은 매우 간단합니다. 단지 자신에게 "나는 셔츠가 아니다."라고 말하면 됩니다. 진정한 자신이 누구인지를, 그리고 당신이 소유하고 있고 관계하고 있는 일시적인 것들이 무엇인지를 알아내십시오.

나의 본성은 무엇입니까? 이것은 내가 버릴 수 있는 어떤 것, 나타났다가 사라지는 어떤 것, 혹은 나 자신을 감쌀 수 있는 어떤 것이 아닙니다. 저는 셔츠를 버리고 다른 것으로 살 수 있습니다. 그래서 저는 셔츠가 제가 아님을 압니다. 셔츠 아래에는 제 피부가 있습니다. 만약 제가 심한 화상을 입었다면, 피부이식으로 그 부위를 대체할 수 있습니다. 그러므로 저는 피부도 아닙니다. 저는 사고를 당해 손이 잘릴 수도 있습니다. 잠시 동안은 아프겠지만 그동안 저의 참된 본성이 바뀌지는 않습니다. 본성이 손을 잃은 것이 아니라, 몸이 손을 잃은 것입니다.

우리는 '나의 집, 나의 차, 나의 아내, 나의 몸' 등등을 말합니다. 그것들은 모두 왔다가 가는 소유들이나 관계들입니다. 그것들은 당신과 잠시 관계를 맺었다가 당신을 떠납니다. 그것들은 영원하거나 지속적인 것이 아닙니다. 그것들은 결코 변하지 않거나 왔다가 가지 않는 본성이 아닙니다. 당신의 본성은 싫증이 날 때 새 것으로 교체될 수 없습니다. 그것은 당신의 소유물이 아닙니다. 그것은 당신의 본체입니다.

모든 것과 모든 사람은 어떤 시점에 버려져야 합니다. 모든 소유들과 모든 관계들은 당신을 떠날 것입니다. 당신이 어떤 사람에 대해 얼마나 많은 애정을 가졌든지, 그 사람에게 얼마나 애착을 가지고 있든지 간에, 그 사람이나 그 관계는 본래의 당신이 아니기 때문에 언젠가는 사라질 것입니다. 본래의 당신은 결코 사라지거나 결코 떠나지 않습니다. 인도의 한 왕이 죽은 아내에 대한 사랑을 간직하기 위해 따지마할을 세웠습니다. 그녀는 그의 목숨과도 같은 사랑이었지만 그 관계는 끝나고 그를 떠났습니다.

그러므로 당신의 본성은 무엇입니까? 그것은 '나는 ……이다ᵃᵐ.'입니다. "나는 이것이다." 또는 "나는 저것이다."가 아닙니다. 집을 소유하거나 아내와 관계를 가지는 '나'가 아닙니다. 아무것도 덧붙여지거나 동일시되지 않는 단지 '나는 ……이다.'입니다.

우리는 '나'라는 생각에 대해 이전에 이야기하고 있었습니다. 이 '나'라는 생각은 최초의 생각이고 이 세상과 그 창조자를 존재하게 하는 생각입니다. 이 '나'라는 생각은 항상 어떤 것에 달라붙어 있기 때문에, 그것은 당신의 참된 본성이 아닙니다. 그것은 항상 "나는 이것이다." 또는 "나는 저것이다."라고 말하고 있습니다. 그것은 영원하지 않기 때문에 당신의 참된 본성이 아닙니다. 그것은 일어나서, 잠시 동안 활동하다가 사라집니다. 만약 당신의 참된 본성이 무엇인지 알고 싶다면, '나'가 일어나는 그곳으로 가야만 할 것입니다. 그것이 태어난 곳으로 가십시오. 이 거대한 샘의 근원은 무엇입니까? 다시 말해, 힘차게 치솟아 올라 마음이나 세상이나 신으로 모습을 드러내는 이 에너지의 근원은 무엇입니까? 거기로 가서 직접 보십시오. 저는 그것을 설명할 수도, 당신을 그곳으로 데려갈 수도 없습니다. 만약 당신이 '나'라는 생각이 사라지는 그곳에 도달한다면, 당신은 자신이 정말로 무엇인지, 자신의 참된 본성이 무엇인지 알게 될 것입니다. 항상 당신은 그것입니다. 당신이 '나'가 없는 그곳에 머무를 때, 당신은 무엇을 받아들이고 무엇을 거절할 것입니까?

그 진리를 알 때 당신은 다른 모든 관점은 틀렸다는 것을 알게 될 것입니다. 우리는 무엇이 옳고 무엇이 그른지 논쟁할 수 있습니다. 하지만 당신이 이곳에 닿게 되면 스스로 알게 될 것입니다.

저의 마음이…….

'저의 마음'이라고요! 당신은 다시 관계들 속으로 돌아가 버렸습니다.

저는 그것을 저의 마음이라 부릅니다. 달리 뭐라 할 수 있겠습니까? 저는 제가 마음이라고 부르는 이것을 보고 혐오감을 가지고 그것을 지켜봅니다. 이것은 누군가가 거실로 달려가 배변하는 것을 지켜보는 것과 같습니다. 저는 이 마음이 '현존'의 거실로 달려가 거기서 배변하는 것을 느낍니다. 그리고 그것을 통제할 수 없을 것 같아 당황하고 역겨워합니다. 저는 무슨 일이 일어나고 있는지 압니다. 그것을 지켜보지만 멈추게 할 수는 없습니다.

이것들은 모두 그들 자신을 나타내는 낡은 습관들입니다. 낡은 습관들은 과거, 즉 죽은 생각들과 인상들의 묘지입니다. 모든 사람이 그들의 낡은 습관들로 이루어진 묘지에 살고 있습니다.

다시 코브라 얘기로 돌아가 보겠습니다. 코브라가 머리를 세워 공격합니다. 그 결정이 어떤 것이든 간에 즉각적인 결정이 내려집니다. 그 결정이 마음에 자국을 남깁니까?

그런 종류의 행동은 단지 반응입니다. 그것은 코브라를 죽이거나 도망치거나 어떤 사고 과정을 거치지 않은 자동적인 반응입니다. 당신은 때때로 이와 같은 자연스런 지시를 받고 몸은 그에 따라 반응합니다. 이런 종류의 반응은 당신의 마음속에 내려 거기에 달라붙지 않을 것입니다.

뻰잡에 살던 젊은 시절에 저는 요람에 든 아기를 데리고 있는 어머니를 보았습니다. 뱀 한 마리가 요람으로 기어가 아기 옆에서 똬리를 틀었습니다. 겨울이었고 그 뱀은 잠을 잘 따뜻한 곳을 찾았다고 느낀 모양이었습니다. 아기는 아기들이 하는 자연스런 방식으로 발로 차고 있었지만 뱀은 그런 행동에 개의치 않는 듯 보였습니다. 아기 엄마는 그녀가 뱀을 놀라게 해서 어떤 반응을 보이게 할까 봐 요람으로 다가가는 걸 무서워했습니다. 남편이 직장에 있었기 때문에 그녀는 이웃 사람들을 찾아갔습니다.

　우리 모두는 그 장면을 잠시 지켜보았고 결국엔 뱀과 아기를 그냥 두도록 결정되었습니다. 뱀은 그 자리에 거의 한 시간가량 머물렀고 적의적인 의도는 전혀 보이지 않았습니다. 우리는 모두 조용히 있었고 아기는 뱀 옆에 혼자 남겨졌습니다. 아기는 뱀이 적이라고, 다시 말해 어떤 종류의 빠른 행동을 필요로 하는 위험물이라고 느끼지 않았습니다. 아기는 뱀을 받아들이지도 거부하지도 않았습니다. 왜냐하면 아기에게는 그 어느 것도 할 마음이 없었기 때문입니다. 아기는 단지 평소에 하던 대로 거기에 누워서 이따금씩 발로 차는 행동을 계속했을 뿐입니다.

　저는 이와 같은 또 다른 사건을 기억합니다. 강가의 둑에서 명상을 하곤 하던 노르웨이에서 온 소녀가 있었습니다. 이것은 아주 오래전 얘기입니다. 그녀는 사두처럼 살았고 심지어 음식을 탁발하러 다니기도 했습니다. 그녀가 탁발하러 돌아다닐 때면 인도의 그 지역에 살던 몇 가족이 그녀의 동냥바구니를 채워 주곤 했습니다. 은퇴한 부부가 대부분 그녀에게 음식을 주곤 했습니다. 저는 이따금 그녀에게 과일들을 가져다주곤 했습니다. 왜냐하면 탁발한 음식으로 살다 보면 보통은 건강에 좋은 음식을 얻을 수 없기 때문입니다. 어느 날 제가 그녀를 보러 갔을 때 그녀는 강가에서 눈을 감은 채 명상에 잠겨 있었습니다. 그런데 아마도 6피트쯤 되는 아주 큰 뱀이 그녀에게 기어 올라갔고 그 중 일부는 그녀의 손에 있었습니다. 만약에 그녀가 갑자기 일어서면 뱀이 반응을 보일 것이라는 것을 알았기에 저는 그녀를 방해하지 않기로 했습니다. 이 소녀는 한 번에 몇 시간이고 명상에 잠기곤 했습니다. 가끔 그녀는 움직임 없이 네 시간을 앉아 있을 때도 있었습니다. 저는 그녀가 무슨 일이 일어나고 있는지도 모른 채 약 한 시간 동안 눈을 감고 앉아 있는 것을 지켜보았습니다. 그 시간이 끝나자 뱀은 스스로 몸을 움직이더니 천천히 기어가 버렸습니다. 그녀는 계속 명상 중이었습니다. 그녀는 뱀이 왔다는 것도 알지 못했고 떠났다는 것도 알지 못했습니다.

마침내 그녀가 눈을 떴을 때, 저는 그녀에게 과일을 주면서 무슨 일이 있었는지 이야기해 주었습니다. 그녀는 뱀이 그녀에게 앉아 있었다는 사실에 대해 아무것도 알지 못했습니다. 그래서 처음에는 저의 말을 믿지 못했습니다. 하지만 그러고 나서 저는 뱀이 지나간 자국을 보여 주었습니다. 그녀는 모래사장에 앉아 있었고 뱀이 오고 가면서 선명한 자취를 남겨 놓았습니다.

어쨌든 다시 당신의 질문으로 돌아가서, 당신이 이와 같은 상황을 만나면 반응은 즉각적이고도 자동적으로 나타납니다. 이러한 즉각적 반응이 어디에서 오는지 저는 알지 못합니다. 그것은 단지 나타납니다. 그리고 그것들이 나타날 때 그런 반응들은 당신에게 달라붙어 있지 않습니다.

그러한 결정들이 어디에서 나오는지 모르신다고 말씀하시다니 놀랍습니다. 깨달음을 얻은 분들도 그들의 반응들이 어디에서 나오는지 알지 못합니까? 붓다 같으신 분도 그러한 결정들이 어디로부터 오는지 알지 못한단 말씀입니까?

저는 모르겠습니다. 그러나 만약 그가 아내의 침대 옆에 앉아서 그 문제를 마음으로 고려해 봤다면 아내를 놔두고 떠나지는 않았을 거라고 생각합니다. 그녀는 아름다운 여인이었고, 그는 그녀와 사랑에 빠져 있었습니다. 내부로부터 일어난 어떠한 충동에 반응하여 그는 일어나서 가 버렸습니다. 이런 종류의 충동은 매우 강렬합니다. 그것이 일어나면 당신은 그것이 어디에서 나왔는지 알지 못합니다. 당신은 그것에 대해 생각할 수 없고 단지 그것을 따릅니다.

외부의 일과 얽혀서도 살지 말고
'공'이라는 내면의 느낌 안에서도 살지 마라.

이것은 삼사라와 니르바나입니다. 형상들이나 그것들의 바탕에 있는 텅 빔에 집착하지 마십시오. 외부의 것들과의 얽힘은 형상을 가진 것들에 사로잡힘을 뜻합니다. 동시에 텅 빔에 대한 생각에 집착되지 않도록 조심하십시오. 그것들 중의 어느 것도 받아들이거나 거부하지 마십시오.

　사물들의 단일성 안에서 고요하라.
　그러면 그러한 잘못된 견해는 저절로 사라질 것이다.

　만약 당신이 이와 같이 행동한다면, 모든 것은 스스로를 돌볼 것입니다. 대부분의 사람들은 활동이나 일을 그만두고자 할 때에도 여전히 일을 하고 있습니다. 왜냐하면 '당신이 활동을 그만두고 가만히 있으려고 노력할 때도, 그런 노력 자체가 당신을 활동으로 채울 것이기' 때문입니다.

　(새로운 질문자) 활동이든 수동이든 그 자체로 잘못된 것은 없습니다. 그것들을 오염시키는 것은 그것들과 관련된 노력입니다.

　지금 당신은 어떤 이론을 지지하거나 거부하려는 노력을 하고 있습니다.

　믿습니다. 그러나 저는 오늘 아침에 일어난 어떤 작은 사건 때문에 이렇게 이야기합니다. 저는 매우 일찍 일어났습니다. 아주 화창한 날인 것처럼 보였고, 저는 먼저 침대에 누워 그것을 즐기고 있었습니다. 그러고 나서 30분간 명상을 하며 앉아 있기로 결심했습니다. 명상을 해야 한다고 들었기 때문입니다. 5분이 지난 뒤 별로 그럴 가치가 없는 듯 보여서 대신에 식물원으로 아침 산책을 하러 갔습니다. 그 결심은 사라졌지만 저는 여전히 조용하고 평화로웠습니다. 문제를 일으키는 것은 노력을 하겠다는 이 선택이 아닙니까?

그렇습니다.

(긴 침묵)

어쨌든, 이 모든 것은 말로 할 수 없는 것입니다.

(또 다른 긴 침묵)

당신이 있는 바로 지금 여기서부터 어떤 목적지, 목표까지 나아가고 있다고 생각해 봅시다. 당신은 여기까지 왔습니다. 이것은 당신이 갈 수 있는 한 제일 먼 곳입니다. 당신 앞에 이 광대함, 이 텅 빔이 있습니다. 원한다면 그것을 '현존'이라 불러도 좋습니다. 부르고 싶은 대로 불러도 됩니다. 당신은 마음을 여기로 가지고 왔고, 마음이 이 광대함을 관찰하고 있을 때 그 마음은 묘사하고 이해하려는 낡은 습관을 유지하고 있습니다. 이 마음은 이 광대함을 자기가 묘사하고 이해할 수 있는 대상으로서 보고 싶어 합니다. 이것이 바로 마음이 작용하는 방식입니다. 마음은 관찰할 외부 대상들, 그것의 이해를 확인할 수 있는 외부 대상들을 필요로 합니다. 노력은 아직 거기에 있고, 이 노력은 '이해'라 불리는 이것으로 마음을 채우려고 시도합니다. 그럼에도 불구하고 이 경험은 완전하지 않습니다. 사실, 진정한 경험은 전혀 그곳에 있지 않습니다. 당신이 가진 전부는 그 자신을 유지하고 자신의 이원적 견해를 유지하는 마음입니다. 이것이 마음의 본성입니다. 즉 마음은 지각하는 자와 지각되는 대상에 대한 마음의 세계관이 유일하게 타당한 세계관이라는 결론에 도달할 수 있는 그런 방식으로 마음이 받아들이는 모든 정보를 조직합니다.

당신은 이 '텅 빔', 이 '광대함'을 밖으로부터 고찰하는 일을 그만두어야 합니다. 왜냐하면 당신이 그것의 바깥에 있는 동안, 그것은 단지 마음을 바쁘게 움직이게 하는 또 다른 관념이 될 것이기 때문입니다. 어떤 방식으로든 텅 빔에 대한 생각 없이 이 '텅 빔' 안으로 걸어 들어가십시오. 어떻게 하느냐고요? 이것이 당신이 '하는' 어떤 일이라는 마음의 확신을 버리십시오. 그곳에는 물리적인 차원이 전혀 존재하지 않기 때문에, 당신은 발을 들어 올려 그 안으로 걸어갈 수 없습니다. 당신은 의지의 행동, 다시 말해, 그렇게 하겠다는 결심에 의해 그렇게 할 수 없습니다. 왜냐하면 그런 생각들이 행해지는 동안, 당신은 '텅 빔'

안이 아니라 마음속에 있기 때문입니다. 당신은 이것이 생각이나 행위에 의해 풀릴 수 있는 문제라고 생각하는 마음의 상상에 속아 오고 있습니다. 상상은 끝내야 합니다. 그것은 당신이 처음으로 당신 앞에 있는 '광대함'을 숙고하는 이 지점에서 끝나야 합니다. 당신이 보고 듣고 느끼고 생각하고 맛보는 모든 것은 스스로 작용하는 당신의 상상일 뿐입니다. 그것은 여기서 영원히 끝내야 합니다. 모든 삼사라, 수십억 년에 걸친 과거와 미래의 상상이나, 마음의 이 끊임없는 상상은 단지 순식간에 일어납니다. 모든 삼사라는 우리가 겪은 수백만 년의 경험이 진짜라고 결국 믿게 만드는 그런 상상이 확장된 순간에 지나지 않습니다. 이것은 세상들, 삶들, 해방을 향한 노력을 꿈꾸도록 만드는 이 상상을 그만둠으로써 당신이 도달해야만 하는 궁극의 진실입니다.

스승님이 말씀하신 것이 진실이라는 것을 뼈저리게 자각합니다. 저는 이 모든 것이 생각하고, 선택하고, 결정하고, 이해하는 등등의 저의 습관에 의해 지탱되고 있다는 것을 이해합니다. 그러나 이것을 안다고 해서 제 머릿속에 있는 오프 스위치가 내려지지는 않습니다. 저는 결정들을 하고, 또 제가 결정들을 내렸다는 것을 알지만, 누가 이러한 결정들을 내리는지에 대해서는 확신조차 할 수도 없습니다. 제 마음속에서 일어나는 것도 제가 모르고 있으니 얼마나 무지합니까?

당신은 어떠한 결정을 하는 것이 전혀 아닙니다. 자신이 한다고 생각할 뿐입니다. 당신은 자신의 마음이 이 모든 결정들을 내린다고 생각하지만, 그 생각 또한 상상의 일부입니다. 다른 무엇인가가 당신이 하는 일들을 하도록 시키고 있지만, 당신은 그것을 자각하지 못하고 있습니다. 당신이 사고 과정에 관여하고 있는 한, 그것을 자각하지 못할 것입니다. 생각이나 상상이 전혀 없는 그곳, 노력이 전혀 없는 그곳을 찾을 필요가 있습니다. 그곳을 찾아내십시오, 그러면 되돌아옴도 없을 것입니다. 즉시 그것은 일어날 것입니다. 하지만 생각하고 있는 동안이나 생각하지 않으려고 노력하는 동안에는 그것은 일어나지 않을 것입니다. 생각이나 이해 없이, 생각이 전혀 없는 이곳을 찾아내서, 그곳에 머무르십시오.

15

당신이 목적지로 가는 길에 있다는 생각을 버리십시오

(앞에 있는 사람에게 말하며) 여기 텅 빔 앞에 당신이 서 있습니다. 당신은 마지막 장소, 당신의 발을 디딜 수 있는 마지막 한 조각의 땅에 도착했습니다. 당신은 발을 들어 올려 더 가까운 곳 어디에도 둘 수 없습니다. 이제 당신의 주위에는 온통 텅 빔뿐입니다. 노력이 지금 당신을 위해 무엇을 해줄 수 있습니까? 육체적 움직임은 당신을 도와줄 수 없습니다. 정신적 노력과 상상력도 당신을 도와줄 수 없습니다. 상상력은 과거로 쫓아 버리십시오. 그것은 끝났습니다. 그냥 내버려두십시오. 당신은 여기에 있고, 당신 앞에 있는 모든 것은 단지 텅 빔뿐입니다. 이제 무엇을 해야 합니까?

아무런 판단도, 에너지를 쓰지도, 노력하지도 않는 것입니다.

그렇습니다. 그것이 이 모든 것의 끝입니다.

"그냥 텅 빔에 빠져라." 그렇게 하고 싶지만 여전히 그런 일이 저에게 일어날 수 있다는 의심이 남아 있습니다.

그것이 당신을 방해할 것입니다. 당신은 아직도 의심을 붙잡으려는 노력을 하고 있습니다. 이 의심은 과거에 속합니다.

(새로운 질문자) 그것은 그냥 놓아 버려서 떨어지는 대신에 절벽을 붙잡으려고 애를 쓰는 것과 같습니다.

이런 떨어지는 결정에 생각이나 노력, 상상을 관여시키지 마십시오. 사고 과정이 없이 저절로 일어나도록 놓아두십시오.

간단한 것 같군요.

정말로 간단합니다. 그것에 대하여 생각하고 그것을 어떻게 이룰 수 있을까 의심하기 시작하면 단지 복잡해질 뿐입니다.

한 걸음도 더 내디딜 수 없는 이곳, 이 가장자리에 도달했을 때, 이 지점에서도 계속 탐구를 해야 합니까?

아닙니다. 당신이 목적지로 가는 도중에 있다는 생각을 버리십시오.

목적지도 없다는 거죠?

아무것도 없습니다. 어떠한 것과도 관계를 가지지 마십시오. 어떠한 종류의 관계와도 접촉하지 마십시오.

어떤 관계와도 접촉하지 않을 때, 당신은 사람들이 많은 단어들을 사용하여 설명하려고 했지만 성공하지 못했던 그 장소에 있게 될 것입니다. 제가 몇 개의 좋은 단어를 추가하겠습니다. '놀라움'이 그 중 하나입니다. 당신은 '우습다'고 느낄 것입니다. 그것은 사람들이 사용하지 않는 또 다른 단어입니다. 당신은 자신이 얼마나 어리석었는지, 얼마나 일부러 눈이 멀었는지를 갑자기 알게 되고, 과거 당신의 어리석음이 매우 우스운 것처럼 보입니다. '말문이 막히게 깜짝 놀란'은 제가 좋아하는 또 다른 단어입니다. 왜냐하면 아마도 그럴 것이라고 생각했던 것과는 전혀 다르다는 것을 갑자기 자각하기 때문입니다.

고국으로 돌아가면 저는 여기서 시간을 어떻게 보냈는지에 대해 대학에 제출할 보고서를 써야 합니다. (방 안의 모든 사람이 웃는다.)

대학은 그를 다섯 달 동안 이곳으로 가게 했지만, 본국으로 돌아가면 그는 그 기간 동안 무엇을 했는지에 대해 그들에게 보고를 해야 합니다.

　　어떤 사람이 약 15년 전에 저를 보러 오기를 원했습니다. 그는 수학 교수였고, 저를 보러 인도에 오려고 대학에 한 달의 휴직을 요청했지만 그 신청은 기각되었습니다. 이 남자는 오기로 결심했습니다. 그래서 "만약 허락해 주지 않는다면 사직을 하고 떠날 것입니다. 이 신청을 거부한다고 제가 가는 것을 막지는 못할 것입니다."라고 말했습니다. 대학은 그를 직장에 붙잡아 둘 수 없다는 것을 깨닫고는 일 년의 휴가를 주었습니다. 그는 분명히 훌륭한 수학자였고 대학은 그를 놓치고 싶지 않았습니다. 대학은 그에게 약간의 해야 할 일을 주었는데, 그는 저에게 그것이 단 몇 시간 안에 할 수 있는 일이었다고 말했습니다. 그것은 인도에서의 일 년과의 좋은 교환이었습니다.

　　당신의 대학도 당신에게 이곳으로 올 시간을 주었습니다. 당신은 시간을 낭비하지 않았다는 것을 증명하기 위해 무언가를 써야만 합니다. 우스움의 기쁨으로 시작하십시오. (모든 사람이 다시 웃는다.) 당신이 만약 이곳으로부터 시작한다면 아주 좋은 책을 쓸 수 있을 것입니다.

16

당신이 몰입해 있을 때의 힘은
당신을 돌봅니다

세상에는 두 가지 반응하는 방식이 있는 것처럼 보입니다. 하나는 자발적으로 행위를 하는 것이고, 다른 하나는 마음을 통하여 행위를 하는 것입니다.

당신은 항상 마음과는 별개로 행위를 하고 있습니다. 그러나 당신의 생각들은 당신이 다르게 생각하도록 만듭니다. 당신이 무엇을 할지를 마음이 결정한다고 생각하는 것은 단지 오래된 습관일 뿐입니다. 당신이 행위들에 대해서 생각을 하든지 하지 않든지 간에 행위들은 계속될 것입니다. 당신은 일하거나 행위를 할 때 마음이 필요 없습니다. 당신은 단지 마음이 필요하다고 생각할 뿐입니다. 마음이 존재하지 않을 때, 일은 효율적으로 끝납니다. 매우 효율적으로 끝납니다. 저는 이 주제에 대하여 저의 경험들을 인용할 수 있습니다. 그리고 다른 많은 사람들이 이 주제에 대해서 이야기하지 않는 것 같기에 제 경험들을 인용해야만 합니다. 저의 경험으로부터 나온 얘기를 해주겠습니다. 간접적으로 들은 이야기가 아닙니다.

그 일은 1954년에 발생했습니다. 저는 암스테르담으로 가는 배에 망간 광석을 적재하고 있었습니다. 그것은 이른바 '역외 선적'이었습니다. 그것은 광석의 운반이 항구에서 이루어지지 않는다는 것을 의미합니다. 저는 보트를 타고 배로 가서, 거기서 하루 종일 선장과 함께 시간을 보냈습니다. 모든 사람이 만족할 만큼 배가 선적되었을 때, 해치는 닫혔습니다. 선장에게서는 배송 증명서를, 매입자로부터는 은행 수표를 받았습니다. 직접 수표를 전달하기 위해서 방갈로르에 있는 저의 본사로 돌아가기를 원했지만, 시간이 이미 밤 11시였고 망갈로르의 항구에서 방갈로르까지 거리는 300마일이 넘었습니다. 운전해 가기도 쉽지 않은 길이었습니다. 길의 초반부는 많은 위험한 커브들이 있는 어렵고 느린 산길이었습니다.

저의 회사가 돈을 급하게 원했기 때문에 밤새워 운전해 가기로 결정했고 산 너머에서 잠깐 잠을 자기로 했습니다. 힘든 하루를 보냈고, 만약 제가 산의 망갈로르 쪽에서 잔다면 늦게 일어나서 그날 늦게야 방갈로르에 도착할 거란 것을 알았습니다. 이 산길은 11개의 U 자형 급커

브가 있었고 산 너머에 있는 평지로 내려가기 전까지 해발 5,000피트 넘게 올라갑니다. 산 너머에는 트럭 운전사들이 이용하는 잘 알려진 커피 가게가 있었습니다. 산사태도 자주 있었고, 심지어 이따금씩 길 위를 어슬렁거리며 교통을 방해하는 코끼리까지 있었습니다. 그곳은 한쪽은 급격한 낭떠러지가 있는 좁은 길이었습니다. 만약 앞에 코끼리가 나타나면, 거리를 유지하면서 코끼리가 길을 벗어날 때까지 기다려야 합니다. 만약 이러한 코끼리들 중 하나를 성가시게 해서 코끼리가 공격하게 만든다면, 도망칠 곳이 없습니다.

길의 가장 어려운 구간은 약 십 마일 정도의 거리이고, 특히 한밤중에 그곳을 안전하게 통과하기 위해서는 매우 조심해야 합니다. 무슨 일이 일어났겠습니까? 저는 이 위험한 구간에 도착하기도 전에 운전을 하는 도중 잠이 들었습니다. 그리고 깨어났을 때, 저는 산을 벗어나 있었고 방갈로르로 가는 길 위에 무사히 있었습니다. 계산해 보면, 자고 있는 동안에 다수의 어려운 커브 길을 운전하며 약 50㎞를 운전해 왔음이 틀림없었습니다. 방갈로르 길에서 깨어났을 때, 완전히 원기가 회복되었음을 느꼈습니다. 매우 숙면을 취했다는 것을 알았습니다. 깨어났을 때 휴식이나 잠이 전혀 필요하지 않다는 것을 깨달았습니다. 완전히 원기를 찾았기에 방갈로르로 가는 도중에 다른 휴식을 취하지 않고 운전을 할 수 있었습니다. 몸이 차 안에서 자고 있는 동안에, 누가 이 차를 운전하였을까요? 심지어 오늘도 여전히 이 문제, 이 미스터리에 대해 저는 곰곰이 생각합니다. 무엇인가가 무의식적인 몸이 적절한 시간에 정확한 것들을 할 수 있도록 만들면서 저를 보살피고 있었습니다. 거기에 관여한 어떠한 마음이나 몸도 없었으며, "이 커브를 돌아 운전하는 동안 조심해야만 해."라고 생각하는 누군가도 없었습니다.

이 이야기처럼 극단적이지는 않지만 여전히 흥미로운 다른 이야기도 말해 줄 수 있습니다. 저는 1947년에 뻰잡으로부터 럭나우에 도착했습니다. 현재의 파키스탄에서 저와 같이 온 모든 친척들을 돌봐야 했기 때문에 저는 일을 하고 있었습니다. 때때로 저의 외부에서 무슨 일이 일어나는지 정말로 모르는 몰입된 상태가 되곤 했습니다. 저는 몸이 하는 것을 실제로 자각하지 못한 채 걸어 다니기도 하고, 일을 하기도 했습니다. 심지어 제 주위에서 무슨 일이 일어나는지 알지 못하기도 했습니다. 그러나 그것은 중요하지 않았습니다. 제 몸을 안전하게 유지해 주고 몸이 해야 할 일을 하도록 해주면서 저를 보살피는 무언가가 있었습니다.

마드라스에서 일하고 있는 동안에도 같은 일이 발생했습니다. 저는 밀라뽀르에서 마운트 로드까지 걸어가곤 했었습니다. 그런데 교통에 주의하려고 노력했음에도 불구하고 외부의 자각이 사라지는 것을 발견하곤 했습니다. 몇 개의 길을 건넌 기억도 없이 목적지에서 저 자신을 발견하곤 했습니다.

그러나 1948년에는 럭나우 근처에서 사고가 한 번 난 적이 있습니

다. 랄바그에서 하즈랏간지에 있는 우체국까지 걷다가 과속으로 달리는 차에 치여 넘어졌습니다. 그 당시에는 사람들이 차 밖에서 발을 밟고 탈 수 있도록 측면에 평평한 금속 발판이 부착된, 전쟁 이전의 차들이 도로에 있었습니다. 저는 낡은 포드 차에 치였는데, 뒤에서 심하게 부딪쳐서 발판이 떨어져 나가 버렸습니다. 저에게 무슨 일이 일어났는지 깨달았을 때, 저는 제 옆의 도로 위에 놓여 있는 그 발판을 보았습니다. 사고 전에 저는 앞에서 얘기한 그런 몰입 상태에 빠져 있었습니다. 그래서 사고에 관한 어떤 것도 스스로 기억할 수 없었습니다. 모든 자세한 이야기는 후에 길 위에 넘어져 있던 저의 몸 주위에 모여 있던 사람들로부터 들었습니다. 그들은 뺑소니범이라고 말했습니다. 그리고 모든 사람들은 제가 달려오는 차에 심하게 치였기 때문에 많이 다쳤음에 틀림없다고 생각했습니다. 하지만 저는 하나도 다치지 않은 채 일어섰습니다. 바지에 찢긴 자국이 하나 있었습니다. 그러나 아래쪽의 상처를 보기 위해 바지를 걷어 올렸을 때, 그것은 단지 작은 찰과상에 지나지 않았습니다. 목격자들은 모두 저를 가까운 경찰서에 데려가서 조서를 작성하기 원했습니다. 그러나 저는 다치지 않았기 때문에 그들의 모든 제안을 거절했습니다.

이것들은 저의 경험입니다. 당신은 생각 없이 살거나 일을 할 수 있을 뿐만 아니라 또한 바깥세상을 전혀 자각하지 않고 살거나 일을 할 수도 있습니다. 누가 당신을 돌보아 줄 것입니까? 당신이 몰입해 있을 때의 힘이 당신을 돌보아 줍니다. 그것이 지시를 내리면 몸은 그것의 지시를 따릅니다. 이것은 당신 스스로 경험해야만 하는 삶의 방식입니다. 이것은 연습할 수 있는 것은 아닙니다.

조금 전에 우리는 뱀이 갑자기 나타났을 때 사람이 취하는 반응에 대해서 이야기를 나누었습니다. 이러한 상태에 있을 때 당신은 무엇을 해야 할지 또는 다른 사람의 조언을 구해야 할지에 대해서 생각할 필요가 없을 것입니다. 옳은 반응은 자연스럽고 자동적으로 나올 것입니다. 의심이나 생각들은 전혀 없을 것입니다.

스승님이 광산에서 일을 하고 있었을 때 생각할 것들이 많이 있었을 것입니다. 약속, 손익계산서, 검토해야 할 서류, 기타 등등. 만약 시간을 생각하거나 계획하거나 편성하지 않는다면 어떻게 이런 일을 처리합니까?

(웃으면서) 그것은 밤에 차를 운전하는 것과 같습니다. 비록 당신이 무엇을 하고 있는지, 왜 그것을 하는지 자각하지 못한다 할지라도 어떤 것이 당신으로 하여금 적절한 때에 옳은 것을 하도록 만듭니다. 저는 이 같은 경험을 많이 해봤습니다.

(새로운 질문자) 우리는 예전에도 이런 이야기를 했습니다. 사실 아주

오래전입니다. 스승님은 세 가지 다른 종류의 반응을 이야기했습니다. 차에 치여서 몸이나 자동차 어느 하나도 자각하지 못하는 이러한 자동차 사고가 스승님께서 말씀하신 세 가지 유형 중의 하나였습니다. 저는 예전에 시장에서 릭쇼에 치인 적이 있습니다. 일어서서 돌아보았을 때 저는 도로 가운데에 있지 않았기 때문에 저의 순간 반응은 화를 내는 것이었습니다. 저는 릭쇼가 다녀서는 안 될 곳에 있었습니다. 그런데 그것에 대하여 실제로 생각을 하지 않자, 화는 가라앉았습니다. 저는 화를 내도 소용없다는 것을 깨달았습니다. 그러자 화는 바로 가라앉고 사라졌습니다. 그것이 두 번째 유형의 반응이었습니다. 자기를 다치게 한 사람에게 정말로 화를 내고 그에게 소리치거나 심지어 그를 때림으로써 반응하는 세 번째 유형의 반응이 있었습니다. 이것들이 스승님이 말씀하신 세 가지 유형입니다.

그렇습니다. 그것에 대해서 이야기했던 것이 기억납니다. 첫 번째 경우에는 반응하는 사람이 없습니다. 두 번째 경우에는 짧은 반응이 있지만, 잠시 후에 평소 상태로 돌아옵니다. 그리고 세 번째의 경우, 당신은 자신의 정서들을 제어할 수 없게 됩니다. 차에 치인 것은 첫 번째 범주에 들어갑니다.

이것이 같은 경우가 아니라는 것은 알지만, 여러 해 전에 저는 술을 아주 많이 마시곤 했는데, 그때 이따금 일시적인 기억 상실이 있었습니다. 말하자면, 술에서 깨었을 때 아무것도 기억나지 않았던 때가 있었습니다. 비록 나중에 이러한 상태를 전혀 기억하지 못하게 되었지만, 그런 상태에서도 차를 안전하게 운전할 수 있었고, 그리고 나중에 이렇게 운전을 했다는 기억이 없는 것입니다. 이러한 상태는 한 시간 또는 그 이상 지속될 수 있습니다. 그런 상태에서도 그는 복잡한 일들을 잘 처리할 수 있습니다. 그가 그런 일을 하는 것을 보는 사람들은 그가 취했다는 것을 모르고, 나중에 그는 이러한 행동들 중 어떤 것도 했다는 기억이 없습니다.

저는 어딘가에서 마약이나 술을 통해 이러한 상태들에 들어간 사람들은, 참나에게 그들을 받아들여 그들의 행위에 책임을 져 달라는 일종의 비밀 간청을 한다는 내용을 읽었습니다. 그것은 실제로 술로 인한 망각에 대한 의식적 욕구가 아니라 그가 더 이상 자신을 돌볼 수 없을 때 그를 떠맡는 참나와 재연결하려는 무의식적인 욕구입니다. 저는 이것에 대해 스승님이 동의하시리라고는 생각하지 않습니다.

그렇습니다. 이러한 방법들로는 참나에게 이를 수 없습니다. 이것들은 무의식적인 마음이 당신을 돌볼 수 있는 상태이지만, 그것들은 여전히 미묘한 마음의 상태입니다.

마음은 비범한 능력들을 가질 수 있지만, 그것들은 여전히 마음의 범위 안에 있습니다. 저는 1932년에 봄베이에 살면서 일을 했습니다. 저의 이웃 중 한 사람이 저를 보러 와서 말했습니다. "저의 사촌은 소라쉬뜨라 출신입니다. 그는 겨우 열여섯 살인데 열여덟 살까지밖에 못 살 것이라는 예언을 들었습니다. 그는 놀라운 능력들을 가지고 있기 때문에 그의 사례는 그 지역 토후국의 왕의 주의를 끌게 되었습니다. 왕은 비용을 대어 그를 런던으로 데리고 갔습니다."

"그의 무엇이 그렇게 특별한가요?" 저는 물었습니다.

"그에게 어떤 질문을 하든 그는 당신에게 올바른 해답을 줄 것입니다. 옳은 답이 자동적으로 그에게 떠오르고, 그는 그것을 말합니다. 그리고 만약 당신이 어떤 말을 종이에 써서 당신의 주머니 안에 집어넣으면, 그는 그것을 본 적이 없더라도 종이에 적힌 말을 당신에게 말할 수 있습니다. 저를 믿지 못한다면 가서 그를 만나 시험해 봐도 좋습니다."

저는 항상 이와 같은 일에 흥미를 가져왔으나, 동시에 매우 의심하는 경향이 있습니다. 저는 그들이 속이지 않는다는 것을 확인하기 위해 이러한 사람들을 시험해 보기를 좋아합니다.

저는 혼자 생각했습니다. "이 소년은 소라쉬뜨라 출신이다. 나는 오리지널 페르시아 활자로 적힌 페르시아 시를 호주머니에 넣을 것이고, 그가 어떻게 할 것인지 볼 것이다."

저는 그를 보러 갔습니다. 미래 사건들에 대한 답을 얻을 수 있을 것이라고 생각한 많은 사람들이 그를 둘러싸고 있었습니다.

"부인이 임신했어요. 딸일까요? 아들일까요?"

"지난주에 사업상 거래를 했습니다. 수익을 얻을 수 있을까요?"

저의 이웃들은 그의 말들에 흠뻑 빠져 있었고, 그 말 하나하나를 다 믿고 있었습니다.

질문들을 하다가 잠깐 짬이 났을 때, 저는 물었습니다. "주머니 속에 종이를 한 장 가지고 있습니다. 당신은 거기에 뭐라고 적혀 있는지 말할 수 있습니까?"

망설임 없이 그 소년은 그가 모르는 언어인 페르시아의 시를, 그것도 꽤 훌륭한 페르시아 억양으로 암송했습니다.

그에게 물었습니다. "당신은 어떻게 이것들을 배울 수 있었습니까?"

그는 말했습니다. "저는 배우지 않았습니다. 아무도 저에게 가르쳐 주지 않았습니다. 단지 제가 이러한 것들을 할 수 있다는 것을 알게 되었을 뿐입니다. 이런 말들이 어디로부터 오는지 모릅니다. 사람들이 저에게 어떤 일에 대해 물으면 말은 제 입에서 나오고 그것들은 항상 맞습니다."

이것들은 마음의 트릭들, 싯디siddhi들입니다. 이것들은 자연적으로 나타나든지 아니면 노력에 의해 얻을 수 있는 것입니다. 그것들은 제가 이야기한 무념 상태의 결과가 아닙니다.

　스승님께서 페르시아어를 읽는다는 것을 몰랐습니다. 언제 배우셨습니까?

　학교에서 필수 과목이었습니다. 뻔잡은 페르시아와 강한 문화적 유대가 있었습니다. 정부에서 일하려면 우르두어와 페르시아어 시험에 둘 다 통과해야만 합니다. 그래서 모두들 학교에서 이 과목을 배웠습니다. 저는 페르시아어를 좋아해서 학교를 졸업한 이후에도 계속 배웠습니다. 페르시아 시를 읽는 것을 좋아했기 때문에 봄베이에 있을 때 페르시아어 시집을 가지고 있었습니다. 스와미지(스와미 라마나난다)는 여전히 가끔씩 띠루반나말라이에서 저에게 페르시아어 시를 보냅니다.

　스승님은 아직도 이런 것들을 읽습니까? 여전히 시를 읽을 시간과 그럴 의사가 있으십니까?

　요즘은 그렇게 시간이 많지 않고, 그때 또한 그럴 시간이 많이 없었습니다. 저는 생계를 꾸려가느라 매우 바빴습니다.

　읽을 시간이 없었다는 것은 스승님께 잘된 일일지도 모릅니다. 스승님은 마음을 생각으로 채울 시간이 없었습니다.

저는 자유에 관한 문학이 거의 또는 전혀 없는 곳에서 태어났습니다. 교양 있는 박식한 가정 출신이지만, 이러한 주제의 책은 구입할 수 없었습니다. 우리는 압도적으로 우세한 회교도 지역 내에 고립되어 있는 조그만 브람민 소수민족 집단이었습니다. 종교적인 이야기는 단지 이슬람과 모스크에 관한 것뿐이었습니다. 우리는 심지어 힌두 의식도 많이 치르지 못했습니다. 그렇지 않았으면 제가 책과 의식에 몰두했을지도 모르기 때문에 그것은 다행이라고 생각합니다. 저에게 "너는 이런저런 수행을 해야 한다."라고 말하는 사람도 없었습니다. 그곳은 그런 풍토가 아니었습니다.

(그의 방문에 관해 리포트를 써야만 하는 남자가) 인도의 어떤 지역이 그러합니까?

지금은 파키스탄이 된 뻔잡 지방입니다.

(침묵)

만약 당신이 말들에 얽매여 버린다면 그 말들은 당신을 참나로부터 멀리 떼어 놓을지도 모릅니다. 그러나 만약 그 말들이 기원한 곳으로 그 말들을 따라간다면, 그 말들은 또한 당신을 참나에게로 다시 데려다 줄 것입니다. 당신은 책에 쓰여 있는 어떤 것을 봅니다. 그것이 쓰이기 전에는 누군가의 마음속의 단어였습니다. 이 단어가 나타나기 위해 그것에 대한 이전 생각이 있었음에 틀림없습니다. 이 단어들은 어디로부터 왔을까요? 어디에서 훔쳐 왔을까요? 바로 침묵으로부터입니다. 그런 침묵으로, 모든 말들이 생겨나오는 그 침묵의 바다로 돌아가는 것은 어떠합니까? 마음속의 단어의 형성은 실제로는 이 침묵을 경험하는 데는 방해물입니다. 침묵은 그곳에 항상 존재하지만 단어를 만들어 낼 때, 당신은 이 내적 침묵의 흐름을 방해합니다. 우리들 사이에도 침묵의 흐름이 진행되고 있지만, 만약 당신이 한 단어를 내뱉으면 당신은 그 흐름과의 접촉을 잃고 말 것입니다. 귀를 기울이고, 잘 지켜보십시오. 그것이 당신이 해야 할 일입니다.

당신은 보고서에 이것에 대해서 쓸 수 있습니까? 이것이 진정한 가르침이고, 진정한 깨달음이지만, 그것에 대해 무엇을 쓸 수 있습니까? 이것에 덧붙이는 어떠한 것이나 그것을 설명하기 위해 사용하는 어떤 단어들도 모두 거짓입니다. 그것들은 사실이 아닌 거짓일 것입니다. 심지어 '침묵'이라는 단어도 거짓입니다. 단지 침묵을 지키십시오. 그것에 대해서 이야기하지 마십시오.

모든 방해물이나 모든 현상계는 '나'로부터 생겨납니다. 공포, 당신의 앞에 나타나는 모든 것, 과거, 현재 그리고 미래, 이 모든 것이 '나'라는 한 단어로부터 생겨납니다. 그것은 어딘가에서 생겨나야만 합니다. 그곳으로 직접 가서 무엇이 있는지 보는 것이 어떠합니까? '나'라는 단어가 어디서 왔는지 찾는다면 모든 것은 끝날 것입니다. 모든 사람이 이렇게 할 수 있지만 누구도 당신을 도와줄 수는 없습니다. 어떠한 노력도 당신을 그곳에 데려다 주지 않을 것이며, 아무도 그것이 무엇인지 당신에게 말할 수 없을 것입니다. 당신이 그 장소를 찾기 위해 필요한 것은 아무것도 없습니다.

우리가 도움이 필요 없다면 우리는 왜 여기에 앉아 있습니까?

제가 말하는 것을 듣기 위해서입니다. 누구도 이전에는 당신에게 이런 것을 말해 주지 않았습니다. 당신은 왜 여기 앉아 있습니까? "'저기'에 앉지 말고, '여기'에 앉으라." 하고 제가 말하는 것을 듣기 위해서입니다. 이것이 당신이 온 이유입니다. '저기'가 아니라 '여기'에 앉는 법을 알기 위해서.

(새로운 질문자) 여기에 있는 것은 재미있습니다. 다른 어디에 있는 것보다 훨씬 낫습니다.

당신은 여기에 있기 위해서 여기에 왔습니다. 당신은 다른 곳이 아닌 여기로 왔습니다. 어느 누가 당신에게 이것을 말해 줄 것입니까? 다른 모든 사람들이 당신에게 말할 것입니다. "저기로 가라! 저기로 가라! 저기로 가라!" 당신에게 무엇을 해라, 어디로 가라고 말하는 스승은 스승이 될 자격이 없습니다. 만약 그가 당신에게 어떤 일을 하고, 미래에 이따금씩 어떤 결과를 만들어 내는 노력을 하라고 말한다면, 그는 절대로 진정한 스승이 아닙니다. 우리는 그를 뭐라고 불러야 할까요? 그는 설교자입니다. 스승은, 만약 적어도 당신이 이 단어를 사용하고 싶다면, 조용한 진리 안에 있습니다. 우리는 그 침묵 속에 있음에 의하여 진리에 대해 말합니다. 침묵은 여기, 지금, 당신 안에 있는 당신의 스승입니다. 만약 당신이 스승을 원한다면, 이것이 스승입니다. 만약 삿상을 원한다면, 이것이 삿상입니다. 삿상을 위해 다른 어디로 갈 것입니까? '여기'로 오십시오. '여기'는 침묵을 뜻합니다. 단 하나의 생각도 이 침묵 속에서는 솟아날 수 없습니다. 이것이 바로 참나와 연결된 삿상입니다. 진정한 상가sanga는 본래의 당신 자신으로 남아 있는 것입니다. 당신이 만약 이렇게 할 수 있다면, 이것이 삿상입니다.

(새로운 질문자) 이곳입니다.

참나와의 교제만이 삿상입니다. 다른 어떤 것도 그 이름을 부여받을 가치가 없습니다. 스스로 보십시오. 당신이 참나와 함께 있을 때, 당신을 속이고 그릇된 길로 끌고 갈 사람은 아무도 없습니다. 그릇된 길로 끌고 가는 것도, 속이는 것도, 말을 거는 것도 없이, 단지 진리 그 자체입니다. 이원성이 전혀 없는 곳을 삿상이라고 부릅니다. '여기'만 제외하고 어디로든 가는 것은 당신에게 도움이 되지 않을 것입니다. 한 번 해보십시오. 신들에게 가면 그들이 당신을 우롱하려고 할 것입니다.

그들은 말할 것입니다. "나를 숭배하라. 그러면 네가 원하는 것을 주겠다."

이것들은 신들의 약속입니다. 왜 당신이 그들의 말을 듣고 그들의 분부대로 해야만 합니까? 대신에 이런 삿상을 가져 봄이 어떠합니까? 당신이 삿상을 가지지 않을 때가 언제입니까? 말해 보세요! 당신이 삿상을 가지지 않을 때가 언제입니까?

그런 때가 없습니다. 삿상이 아닌 시간이 없습니다.

(웃으면서) 자, 여기 있습니다. 이것이 삿상입니다. 삿상은 항상 끊임없이 그곳에 있어야만 합니다. 그렇지 않으면 삿상이 아닙니다.

(빠빠지가 말한 삿상을 경험한 것으로 보인다.) 스승님의 말씀이 옳습니다. 참으로 '우습습니다.'

(웃으면서) 그는 매우 아름답군요!

스승님도 그러합니다.

이것이 삿상입니다. 이것이 삿상입니다. 당신에게 키스를 하고 싶습니다. 그는 지금 훌륭한 마음 상태입니다. 당신의 얼굴을 보여 주십시오. 이것이 제가 키스할 수 있는 얼굴입니다.

(웃으면서) 소용이 없을 것입니다.

17

마음은 당신이 과거로부터 생각해 내는 대상과 주체 간에 일어나는 교류입니다

(빠빠지, 편지를 낭독한다.)

"저는 서른두 살이고, 운 좋게 사랑하는 남자와 결혼했습니다. 저는 아직 이루어지지 않은, 작가가 되기를 바라는 꿈이 있습니다. 이것은 제가 당신에게 쓴 두 번째 편지입니다. 첫 번째는 단지 저 자신을 발견하는 것이었습니다. 그러나 전 당신에게서 이것을 알기를 바랍니다. 저는 제 삶이 주위의 상황에 의해서, 제 가족의 역사에 의해서, 제가 태어난 시간, 장소 등등에 의해서 이미 정해진 힘을 가지고 있다는 것을 깨달았습니다. 그동안 서구적인 사물의 이해 속에서 훨씬 더 많이 살아 왔습니다. 저는 이 서구적인 이해로부터 자유의 공간이 전혀 없다고 지금까지 이해했습니다. 왜냐하면 이곳 서구에서는 누구나 끊임없이 사회의 법에 복종해야만 하기 때문입니다. 비록 저의 일부분이 이러한 법을 이해하고, 우리가 보통 '현실'이라고 부르는 상황들을 다루는 것 둘 다에 능숙할지라도, 이 모든 것은 '제가 아니'라는 것을 깨달았습니다. 비록 제 삶이 그것들 위에 구축되어 있다 해도, 저는 이 삶과 이러한 환경들과 아무 관계가 없는 어떤 목소리를 다른 어딘가에서 듣습니다. 그것은 마치 외부의 한 영spirit이 저를 선택하여 어떤 목적을 위해 저를 이용하고 싶어 하는 것 같습니다. 이 목적은 진리를 찾고 진리와 대화하는 것입니다."

이 '어떤 것'은 사람들에게 옵니다. 그녀가 말한 것처럼, 사람들이 그것이 하는 말을 들을 준비가 되었을 때, 그것이 사람들을 선택합니다. 모든 사람은 어떤 배경을 가지고 있습니다. 당신은 이 편지에서 이것을 명확하게 이해하게 될 것입니다.

"저는 작가가 되어 지금은 막연하게밖에 규정지을 수 없는 그런 내용을 담은 저의 메시지를 일상적인 언어로 전달하고 싶다고 말할 수 있습니다. 그 영spirit이 저를 인도해 갈 때 그것은 형태를 갖춥니다. 그러나 제 환경은 현실 세계와 함께 생활하는 저의 일부가 대부분의 시간을 차지하는 것과 같은 것입니다. 그것은 마치 어떤 것을 놓아주고 그 외의 어떤 것을 들어오게 하는 것을 두려워하는 것 같은 느낌입니다. 제 소망은 저 자신의 근원이라고 느껴지지만 동시에 우주의 근원인 이 영spirit과 저 자신을 연결시키는 것이고, 저는 그것을, 제 삶을 이끌고 그 능력을 사용하여 그 목소리를 세상에 내는 힘으로 만들고 싶습니다. 나는 무엇을 해야만 하는가? 저 자신에게 물었습니다. 그러자 목소리가 저에게 말합니다. '나는 여기 있습니다. 나는 여기 있습니다. 나는 당신이 무엇을 해야 하는지 말해 줄 수 있습니다. 당신은 오직 나와 연결되어 있어야만 합니다. 나는 당신을 통해 말하고 싶습니다. 그것이 내가 여기에 있는 이유입니다.'"

이 여자는 자기가 무엇을 쓰고 있는지 모릅니다. 그러나 그 경험을 매우 잘 옮기고 있습니다.

(목소리가 말하길) '나는 이름이 없습니다. 나는 형태가 없습니다. 나는 메시지가 없습니다. 나는 존재합니다. 나는 진리입니다. 나는 진리 그 자체입니다. 나는 존재하면서 동시에 존재하지 않습니다. 나는 목소리가 없습니다. 나는 언어가 없습니다. 그러나 나는 말합니다. 나는 지금 여기에 나타났지만, 나는 공간과 시간을 초월하여 존재합니다. 나는 이해될 수 없습니다. 그러나 당신이 지금 뿐자님의 눈을 바로 보게 된다면, 당신은 나를 이해할 것입니다. 당신이 지금 뿐자님의 눈을 바로 보게 된다면, 내가 당신 두 분의 내면에 있다는 것을 알게 될 것입니다.'

이것은 제가 당신에게 처음 편지를 썼을 때 저에게 일어난 것입니다. 제가 질문을 한 그 순간에 답은 거기에 있었습니다. 제 마음은 갑자기 텅 비었고, 즉시 빛나는 의식, 완전한 자각, 해방의 무집착으로 채워졌습니다. 저는 이 상태로 몇 시간을 머물렀습니다. 그것은 며칠에 걸쳐 서서히 사라졌습니다.

제 첫 번째 편지에서 묘사된 이 경험은 아직도 일상적인 의식의 바탕에 있습니다. 되풀이하여 그 상태에 다가가고 싶습니다. 저는 당신과의 만남이 제 길의 다음 단계가 될 것이라고 느낍니다. 12월 초에 일주일 정도 당신을 만나고 싶습니다. 빠빠지시여, 당신의 답을 고대하며 당신의 행복을 빕니다."

저는 제가 생각하고 지각하는 모든 것이 마음의 어떤 요소를 갖고 있다는 것을 알 수 있습니다. 당신은 저에게 마음을 버리라고 요구하고 있습니다. 저는 당신이 원하는 대로 하고 싶지만, 그런 일이 저에게 일어나지 않습니다. 당신은 제 마음속에 이 가르침을 심어 주셨고, 때때로 저는 그것으로 충만한 느낌입니다. 그리고 줄곧 저는 참나의 집으로 가고 싶을 뿐이라고 느낍니다.

당신은 집에 있습니다.

마음은 말씀하신 것의 진리를 인식하지만, '집'에 있다는 지식은 저에게 일어나지 않습니다.

그렇습니다. 이 인식은 당신이 집에 있음을 진정으로 알게 될 때만 일어날 것입니다. 마음은 자기의 죽음을 찬양할 것입니다. 그것은 더 이상 마음이 아닐 것입니다. 당신이 자신의 집에서 다시 태어날 때 진정한 축하가 있을 것입니다.

저는 그 단계가 일어나기를 기다리고 있습니다. 그동안, 제 내면에서 일어나는 것은 무엇이든지 여전히 마음이라는 것을 저는 발견합니다. 그것은 참나에 대한 관념들을 인식하는 마음이거나, 참나를 찾는 마음이거나, 혹은 참나 그 자신을 그 자신에게 설명하는 마음입니다.

그렇습니다. 마음은 어떤 대상, 즉 과거의 어떤 대상에 집착할 때 마음입니다. 마음은 당신이 과거로부터 생각해 내는 대상과 주체 간에 일어나는 교류입니다. 그러나 그 교류가 일어나지 않는 공간이 당신 안에 있습니다. 그것은 축복의 공간입니다.

당신은 마음속에, 즉 마음의 생각들 속에 살고 있습니다. 당신의 세상은 마음에 의해 한계가 지어지고, 당신이 마음 너머에 있는 어떤 것도 생각하거나 알 수 없기 때문에, 이 모든 정신 활동보다 앞에 있는 것을 표현할 말은 하나도 없습니다.

　마음은 과거의 일에 늘 집착하는 감각들을 통하여 당신을 과거로 데려갑니다. 당신이 보는 모든 것은 마음의 창조물이고, 마음은 항상 과거 속에 있습니다. 시간이 존재하지 않는 현재 순간에는 마음도 역시 존재하지 않습니다. 마음이 어디서부터 오는지 발견하십시오. 그 공간에서 마음이 사라지는 것을 보십시오. 그러면 당신은 마음과 함께 시간도 사라지는 것을 깨닫게 될 것입니다. 마음의 사라짐은 당신이 걱정해야 하는 것이 아닙니다. 당신은 마음 없이도 매우 잘 해 나갈 것입니다. 제가 말하는 그 공간에서 '마음'이라는 단어는 존재하지 않을 것이고, 어떤 다른 단어들도 존재하지 않을 것입니다. 당신이 자기 자신이 되는 데, 자기 자신에게 말을 거는 데 말이 필요한 것은 아닙니다. 말이 일어났을 때, 그 말들은 당신을 참나로부터 떨어지게 합니다. 말은 항상 당신 자신의 침묵에 방해물이요, 장벽이며, 장애물입니다. 당신이 자신의 참된 집에서 자기 자신을 즐길 때, 어떤 말도 그것을 설명하거나 방해하려고 떠오르지 않습니다. 그것은 말과 시간에 의해 방해받지 않는 끊임없는 흐름입니다.

　이곳은 초월의 장소입니다. 어떤 사람도 그것을 말하지 않습니다. 말들은 거기에 적용되거나 그것을 기술할 수 없습니다. 불교도들의 사전에는 그것을 가리키는 좋은 단어가 있습니다. 당신은 따타따tathata라는 말을 들어 본 적이 있습니까? 대개 이것은 '그러함suchness'으로 번역

됩니다. 단지 있는 그대로 있는 어떤 것입니다. 만약 당신이 어떻게 해서라도 말을 사용하고 싶다면, 이것과 같은 말은 쓸 수 있습니다. 당신의 마음속에 새로운 개념들을 두지 않는 것이고, 이 근원적인 진리만을 지적하고 암시하는 것입니다. 여기에 불교의 배경지식을 가지고 이 말에 대해 더 알고 있는 누군가가 있습니까? 그것은 멋진 말입니다.

(새로운 질문자) 예, 그것은 '그러함suchness'을 의미합니다. 'tathagata따타가따'라는 용어도 있는데, 그것은 붓다가 자기 자신을 '저 너머로 간 자'로 묘사하기 위해 사용했던 말입니다.

그렇습니다. 저는 이전에 그 두 단어를 들어 본 적이 있습니다. 저는 빨리어를 모릅니다. 그래서 어떤 큰 권위를 가지고 이 단어들에 대해서 진실로 말할 수는 없습니다. 'Thus come—여래如來'는 제가 들은 적이 있는 이 용어의 또 다른 번역입니다. 이것은 찰나, 지금 이 순간을 가리키는 말입니다.

불교도들은 '갔네, 갔네, 저 너머로 갔네……(역자 주: 아제, 아제, 바라아제……)'라고 말합니다. 당신은 저 피안으로 가야 합니다. 그 다음에는 그 피안을 넘어가야 합니다. 그 다음에는 그 너머를 또 초월해야 합니다. 피안을 향해 갈 때, 당신은 여전히 이원성을 가지고 있고, 여전히 마음을 가지고 있습니다. 당신은 방향과 목적지를 심사숙고할 수 있지만, 마음을 없애기 위해서는 '그 너머를 초월'해야 합니다. 다시 말해 당신이 마음속에 정할 수 있는 그 지점을 지나가야 합니다.

마음이 사라진 이 상황이나 이 순간을 나타내기 위하여 사용되는 또 하나의 단어가 있습니다. 이것은 무형의 저 건너편으로 마음이 사라진 다음에 나오는 '스와하^{Swaha}'라는 외침입니다. 저는 이 단어에 대해서 많은 사람에게 물어보았지만, 어떤 만족스러운 대답도 듣지 못했습니다. 이것은 마음이 사라질 때 마음이 내는 마지막 발성이거나, 마음이 실제로 사라진 후에 나오는 발성입니다. 그것의 특별한 의미는 없습니다. 마음은 이 상태를 파악하거나 설명할 수 없습니다. 그래서 그 장소에서 나오는 말은 마음에 의해 이해될 수 있는 의미를 부여받을 수 없습니다.

깨달음을 얻은 이후에, 말은 거기에 있습니다. 그 장소에서 우리는 무엇에 매달릴 수 있겠습니까? 누가 혹은 무엇이 거기 있는 지혜에, 깨달음에, 해방에, 자유에 집착할 수 있겠습니까? 이 단어조차도 거기에서는 쓸모없습니다. 모든 것은 여기서 끝났습니다. 삼사라와 니르바나도 사라져 버렸습니다. 왜냐하면 그것들은 상호 관계 속에서 존재하기 때문입니다. 마음은 끝났고, 나타남도 끝났고, 창조주도 끝났고, 창조도 끝났습니다. '내재하는 자^{indweller}'는 완전히 사라졌습니다. 이것은 마음으로부터, 끝없는 생사윤회로부터, 혹은 현상계로부터의 완전한 해방입니다. 그것은 순식간에 일어납니다.

18

단 하나의 비전이 한 사람의 삶을 바꾸어 변형시킨 예들이 있습니다

저는 지난밤에 방에 앉아 있었는데, 매우 아름다운 에너지가 있었습니다. 갑자기 저는 방 안에 라마나님이 계신다는 아주 강한 느낌과 감각을 경험했습니다. 그분을 보지는 못했지만, 그것은 매우 강한 현존처럼 느껴졌습니다. 그 일이 일어나는 동안 그것은 정말 실제처럼 느껴졌습니다. 그러나 후에 이것이 환영의 일종이 아닐까 하는 생각이 들기 시작했습니다.

당신은 자유롭고 해방된 누군가의 비전vision을 보았습니다. 실제로 신체적인 형상을 보지 않았다고 할지라도, 그것은 여전히 비전의 한 종류입니다. 해방을 얻은 존재가 순수하고 미묘한 생각처럼 보이는 현존^{presence}의 형태로 당신에게 왔습니다. 그러나 당신이 오래된 바보스런 마음으로 돌아갔을 때, 당신은 과거에 배운 맥락으로 그 의미를 해석하고 그것을 비전이라고 불렀습니다. 그러고는 그것을 의심했고, 그것을 '환각'이라고 칭했습니다.

제가 이 질문을 한 이유는, 제가 특정한 영적 인물과 연상되는 어떤 장소에서 명상할 때마다 그 사람의 이미지를 보는 경향이 있기 때문입니다. 다람살라에 있을 때는 붓다를 봤고, 기독교의 어떤 성지에 있을 때는 예수를 봤습니다. 제가 궁금하게 여기는 것은 이러한 사건들이 환각인지 아니면 다른 어떤 것인지 하는 것입니다.

겉옷, 즉 비전의 형상은 아마 다르겠지요. 그러나 그 배후의 힘은 같습니다. 당신은 이러한 것들을 '환각'이라고 무시할 수도 있지만, 단 하나의 비전이 한 사람의 삶을 바꾸어 변형시킨 예들이 있습니다.

문 앞에 거지가 찾아오기만 하면 동냥으로 모든 재산을 줘 버리는 아내를 둔 다이아몬드 상인이 있었습니다. 이 일은 상인을 몹시 속 태웠기 때문에 그는 나갈 때마다 모든 귀중품을 잠가 두는 습관이 붙었습니다. 그래서 집을 떠날 때마다, 아내가 그의 재산 전부를 줘 버리는 것을 막기 위한 의도로 부엌을 제외하고는 온 집을 다 잠가 두곤 했습니다.

어느 날, 그가 집을 나가서 가게에서 일하고 있을 때 브람민 사제가 그의 집 앞에 와서 적선을 구했습니다. 아내는 그녀가 끼고 있던 보석 외에는 줄 것이 아무것도 없었습니다.

그녀는 귀걸이 하나를 빼서 그에게 주며 말했습니다. "이것을 가지고 가서 파세요. 그 돈으로 얼마 동안 살아갈 수 있을 겁니다."

사제는 감사하는 마음으로 귀걸이를 받았지만, 그가 그것을 팔러 갔을 때, 결국 귀걸이를 준 아내의 남편인 다이아몬드 상인의 가게에 가게 되었습니다. 귀걸이에는 다이아몬드가 박혀 있어서, 사제는 마침 가장 가까운 그 다이아몬드 상인에게 그것을 가지고 갔습니다. 상인은 자신의 아내가 끼고 있던 귀걸이와 동일한 것임을 알았고, 첫 번째로 든 생각은 이 사제가 자신의 아내에게서 훔친 것이 분명하다는 생각이었습니다. 그러나 어떤 증거를 가지기 전에는 어떤 비난도 하지 않으려 했습니다. 그는 사제를 집으로 데려가서, 아내에게 그녀가 평소에 끼고 있던 귀걸이를 내보일 수 있느냐고 물었습니다.

아내는 완전히 낯선 사람에게 귀중한 보석을 줘 버렸다는 것을 남편이 아는 것을 원하지 않았기에, 아직 귀걸이를 둘 다 가지고 있고 그것들은 뿌자실에 있다고 말했습니다. 남편은 거기에 절대 가지 않았기 때문에, 그녀는 거기에 있다고 말하는 것이 안전하다고 생각했습니다.

그러나 이 상황에서 남편은 확인해야 한다고 고집했습니다. 그들은 뿌자실로 갔고 신에게 바치는 물건이 담겨 있는 작은 항아리에서 귀걸이 두 개를 발견했습니다. 그 가족의 수호신은 비딸, 즉 신 크리슈나였습니다. 사제가 도둑이 아닌 사실에 만족하면서 상인은 그의 가게로 돌아갔습니다.

그 사제와 만남은 어찌된 일인지 그 다이아몬드 상인을 바꾸어 놓았습니다. 이 날의 사건은 그를 아내의 자비로운 행동을 싫어하던 인색한 사업가에서 더 이상 돈이나 물질적인 재산에 관심이 없는 사람으로 바꾸어 놓았습니다. 그는 얼마 동안 가게에 앉아 있다가 드디어 중대한 결정을 내렸습니다.

"이 다이아몬드들은 나에게 어떤 행복도 가져다주지 않아. 그것들은 나를 단지 인색하고 걱정하는 사람으로 만들 뿐이지. 나는 부와 이득의 세상을 끊고 산야신이 될 거야."

그는 가게를 닫고 집으로 가서 아내에게 자신은 세상을 포기하고 방랑하는 수도승으로서 살 결심을 했다고 말했습니다.

이 이야기는 어떤 허구적인 어린이 동화가 아닙니다. 이것은 오늘날까지도 까르나따까에서 널리 숭배되고 있는 뿌란다라 다사라는 성인의 실제 이야기입니다. 이 이야기에 대해서 책들이 쓰여졌을 뿐만 아니라, 심지어 이 날 일어난 사건에 대한 영화까지도 제작되었습니다. 뿌란다라 다사는 집을 떠났고 까르나따까의 가장 유명한 성인 중에 한 분이 되었습니다. 그는 까르나틱의 음악가로도 잘 알려져 있고, 그가 작곡한 노래들은 오늘날까지도 널리 애창되고 있습니다.

당신은 그 상인이 실제로는 아내의 뿌자실에 없던 귀걸이를 환각으로 본 것이라고도 할 수 있을 것입니다. 그러나 저는 오히려 이것을 삶을 바꾸는 비전으로 간주하고 싶습니다. 이와 같은 어떤 일이 일어날 때, 참나의 힘이 당신의 삶에 들어와 당신을 새로운 방향으로 밀고 갑니다. 참된 비전은 당신의 삶을 바꾸는 비전입니다. 이 이야기에 대한 다른 해석들에 의하면, 그 인색한 상인을 변화시키기 위하여 성직자의 모습으로 나타난 사람은 바로 크리슈나 자신이라는 것입니다.

당신은 약간의 마약을 복용한 뒤 호랑이가 당신을 공격하는 환각을 볼 수 있습니다. 정상적인 상태로 돌아왔을 때 당신은 바뀌거나 변형되지 않으며, 단지 더 이상 환각제의 영향을 받지 않아서 행복할 뿐입니다. 참된 비전은 당신을 오래된 삶에서 새 삶으로 나아가게 합니다. 그것의 효과는 정화이며 오래 지속되는 것입니다.

당신은 두려움을 주는 악마나 괴물을 볼 수 있지만, 얼마나 많은 사람들이 신의 비전을 보았으며, 또 그 비전이 그들을 변화시켰다고 말할 수 있겠습니까? 극히 적은 수입니다. 신의 참된 비전을 보기 위해서는 매우 삿뜨바적인 마음을 가지는 것이 필요합니다. 신성한, 변화의 비전은 오로지 완전하게 순수한 마음에만 나타날 수 있습니다. 그러한 마음에게만 신의 형상은 나타날 수 있는데, 그때 그 형상은 너무 강해서 마음 그 자체가 사라질 것입니다. 비전은 그렇게 순수한 마음에 나타나고, 그 응답으로 그 순수한 마음은 녹고 사라집니다. 마음은 사라질 것이고, 마음의 사라짐을 자극했던 그 비전도 함께 사라질 것입니다.

제가 이 비전을 보는 동안 저에게 어떤 메시지가 왔다고 느꼈습니다. 어떤 것을 하라는 지시였습니다. 제가 그것을 믿어도 될까요? 그것이 말하는 것을 해야 하나요?

그것이 일어난 그때에 당신은 그것을 써 두었습니까?

아닙니다.

적어 두었어야만 합니다. 이러한 비전들은 깨어 있지 않고 꿈꾸지 않으며 잠자지 않은 상태에서 일어납니다. 이런 종류의 의사소통들은 적어 둘 가치가 있습니다. 그 상태에서는 마음이 정상적으로 움직이지 않기 때문에, 나중에는 무엇이 일어났는지를 정확히 기억할 수 없을 것입니다.

19

이 지식의 불꽃은 이해와
지식을 가져올 것입니다

저는 제 삶에 엄청난 은총을 받았다고 느낍니다. 저는 요구할 수 있는 모든 것을 다 갖고 있습니다. 그러나 비록 그렇다고 하더라도 옛날의 습관들은 여전히 존속하고 있습니다. 그리고 그 습관들을 그냥 놓아 버리는 과정을 손쉽게 하는 방법을 잘 모르겠습니다. 그러한 습관들은 매우 미묘한 것들이거나, 마음의 낡은 방식들이거나, 아니면 어떠한 정서적 패턴들인 경향이 있습니다.

당신이 없애야 할 것은 습관들 그 자체가 아니라, 그러한 습관들에 붙어 있는 행위자라는 감각입니다. 습관들 그 자체는 해로운 것이 아닙니다. 해로운 것은 "나는 이러한 습관들을 가지고 있다."라든가 "나는 이러한 행위를 한다."와 같은 관념입니다. 습관들은 깨달음 후에도 계속될 것입니다. 그것들은 깨달음을 방해하지 않을 것입니다. 왜냐하면 그것들은 몸이 하게끔 프로그램되어 있는 행동의 패턴들이기 때문입니다. 당신은 해야 하는 활동들로 가득 차 있는 저장소, 창고를 가지고 있습니다. 그것은 몸의 운명이라서, 몸이 계속 살아가는 동안 몸은 그 운명을 이행할 것입니다. 행하는 사람이 사라질 때, 당신은 몸이 행하거나 행하지 않는 것에 더 이상 관심이 없을 것입니다. 깨달음의 바로 그 순간에 행하는 사람이라는 감각을 태울 큰 화재가 일어날 것입니다. 이것과 함께 장래의 삶들을 위한 까르마의 창고도 또한 불에 타서, 당신의 환생들은 끝이 나게 될 것입니다. 이 지식의 불꽃은 이해와 지식을 가져다줄 것입니다. 그것은 너무나 철저히 전소시키기 때문에, 경향성들은 더 이상 기억에 내려 미래의 까르마와 미래의 삶들의 원인이 되지 않을 것입니다. 마음은 탈 것입니다. 그래서 그런 일이 일어나면, 경향성들이나 욕망들과 습관들을 저장할 어떤 곳도 없을 것입니다.

비록 당신이 이러한 상태에 도달했다 하더라도, 다양한 습관들이 지속될 것입니다. 그러나 그것들이 미래의 삶들이나 미래의 까르마로서 거두어들이지 않으면 안 되는 그런 씨앗들을 뿌리지는 않을 것입니다. 당신의 삶과 그 운명의 대본은 총에서 발사된 총알과 같은 것입니다. 총알은 발사된 최초의 속력 때문에 일정한 거리를 날아가다가 땅으로 떨어지게 됩니다. 그 후에 다시 총알이 튀어 올라 날아가지는 않습니다. 마음이 사라져 버린 그런 삶의 운명도 이 총알의 운동량과 같습니다. 운동량은 그 사람의 신체적 삶의 종말까지 그 사람을 이동시킬 것입니다. 그러나 그 후에 몸은 죽을 것이고, 더 이상의 재탄생은 없을 것입니다.

습관들은 이미 전보다는 약해진 것 같습니다. 그것들은 옛날의 힘을 가지고 있지 않은 것 같습니다.

자유가 오면 그러한 모든 것은 꿈과 같고, 실제로 당신과 접촉되지 않는 멀리 떨어져 있는 어떤 것과 같이 보일 것입니다. 어떤 반응들은 있을 것이며, 문제들도 생길 것이고 다루어질 것입니다. 그러나 그것들이 당신에게 고통을 일으키거나 미래의 반응들을 일으킬 그런 깊은 뿌리들을 만들지는 못할 것입니다.

이런 일이 일어나는 것을 때때로 느낄 수 있습니다.

행위자가 없을 때, 고통 또한 없어질 것입니다. 행위자는 자유가 일어나는 순간에 없어질 것입니다.

전에 빠빠지께서는 제가 이런 습관들에 '관여되어 있다'고 하셨습니다. 그게 제가 가끔씩 느끼는 것입니다.

'관여'란 것은 과거에 속하는 어떤 것에 대한 것입니다. 당신의 현생에 원인이 되는 이러한 인상들은 모두 당신의 과거로부터 온 것입니다. 그것들은 당신에게 고통과 행위자라는 끊임없는 느낌을 가져다주었습니다. 그러나 그것이 모두 부정적인 것은 아닙니다. 얻는 것이 있으면 잃는 것도 있는 것입니다. 과거에 당신은 자유를 위하여 열심히 노력했음에 틀림없습니다. 그렇지 않으면 오늘 이 자리에 없을 것입니다. 당신은 매우 성공적이지 못했다고 생각할지는 모르지만, 당신에게 많은 전생들로부터 쌓은 수백만의 공덕들이 없다면, "나는 자유롭고 싶다."라는 생각은 당신 안에서 일어날 수 없을 것이고, 오늘 이 자리에 와서 질문을 던지지도 않을 것입니다. 당신에게 수미^{Meru}산만큼의 많은 공덕이 있어야 이러한 갈망이 당신 안에서 일어난다는 말이 있습니다. "나는 자유롭고 싶다."라는 이런 갈망이 어디에서부터 일어났습니까? 이 갈망은 아름다운 갈망입니다. 그것은 거의 표현되지 않는 것입니다.

당신이 어른으로 자랄 때까지, 얼마나 많은 사람들이 이 갈망을 당신에게 말해 주었습니까? 친구들이나 친척들과 레스토랑에 가면, 무슨 이야기를 합니까? 대개가 이혼, 가정, 인간관계, 직업, 개인적 사건들과 같은 각자의 문제들일 것입니다. 가족들과 앉아서 그들이 "난 자유를 찾고 있어요. 너무나 자유를 원해요. 얼마나 더 기다려야 하나요? 그것이 오늘 일어나지 않았는데 언제 일어날까요?"라고 말하는 것을 들어 본 적이 있습니까? 이러한 대화들에 참여해 본 적이라도 있습니까?

가끔 있습니다.

(웃음) 당신이 과장하고 있는 것 같습니다. 이것은 거의 표현되지 않는 감정이라서, 당신이 자라면서 한 번이라도 들었을지 의심스럽습니다. 저는 자유가 무엇이며 어떻게 얻을 수 있는지에 대한 생각을 두 사람이 교환하는 그런 어떤 지적인 대화를 말하는 것이 아닙니다. 상사병에 걸린 두 연인이 그들의 애인과, 즉 자유와 한 몸이 되는 길을 찾을 수 없기 때문에, 안에서 상처를 받은 그들에 대하여 말하고 있습니다. 많은 사람들이 이것에 대해 말을 하지만, 그러나 얼마나 많은 사람들이 이 어려운 목표에 도달할 수 없기 때문에 실제로 내면의 고통을 겪고 있습니까? 그것은 너무너무 드물고, 너무너무 귀한 것입니다. 이런 갈망은 마음에 의하여 통제되지 않는 곳에서 나옵니다. 마음은 이와 같은 갈망을 흡수하거나 소화할 수 없지만, 그와 동시에 마음은 갈망이 일어나서 당신의 주위를 끄는 것을 막을 수도 없습니다. 자유에 대한 이런 갈망이 그것을 향한 동경과 함께 당신을 아프게 할 때, 그 갈망

은 그것이 그토록 갈구하는 그 자유를 가져다줄 힘을 가지게 됩니다. 다만 자유를 몹시 갈구하십시오.

20

당신은 진지해야만 하고, 그 밖의 모든 것을 제외하고 자유를 원해야만 합니다

비데하묵띠와 지반묵띠의 차이점을 설명할 수 있습니까?

지반묵띠는 육체의 죽음 전에 오는 자유입니다. 살아 있는 동안 당신이 자유롭다는 것을 알고 경험합니다. 과업이 끝나면 당신은 여생을 자유롭게 살 것입니다. 비데하묵띠는 신체가 죽는 그 순간에만 오는 자유를 의미합니다. 저는 까비따Kavita와 함께 경향성들과 그것들에 대한 전념에 대해 대화를 나누었습니다. 당신은 자신이 자유롭다는 것을 알게 될 것이고, 때때로 그것을 직접 경험할 수도 있을 것입니다. 그러나 그러한 경향성들이 때때로 당신을 괴롭히고 사로잡게 된다면, 당신은 진정으로 자유로운 것이 아닙니다. 당신은 죽는 그 순간까지 애착에서 애착으로 편승할 것입니다. 그럼에도 불구하고 이러한 나머지 애착들이 강하지 않다면, 당신의 삶 속에서 의식적으로 참나를 직접 경험했다면, 당신이 죽는 순간에 충만한 자유의 상태에 이르는 것은 가능할 것입니다. 이것이 비데하묵띠로 알려져 있습니다.

아주 소수의, 극소수의 지반묵따들이 있습니다.

라마나 마하리쉬?

그렇습니다. 거의 없습니다. 당신이 영성의 모든 역사를 조사해도, 적은 수의 이름만 찾아낼 것입니다. 우리는 이러한 상태가 너무나 드물기 때문에, 위대한 지반묵따로서 수까데바, 자나까 왕과 같은 역사적인 인물을 존중합니다. 지반묵따들의 경우에 쁘라랍다 까르마는 끝이 났고, 자유는 분명히 얻어진 것입니다.

지반묵따가 되어 버린 이 사람들은 아주 적은 까르마를 가지고 그들의 마지막 삶에 이르렀음에 틀림없습니다. 라마나 마하리쉬 같은 지반묵따들은 그들의 까르마를 재빨리 다 써 버린 후 깨달음을 얻게 되었을 것입니다.

아닙니다. 그런 식으로 이루어지는 것이 아닙니다. 그것은 다른 방식으로 돌아갑니다. 까르마는 자유와 함께 끝나는 것이 아닙니다. 까르마를 끝내는 것은 자유입니다. 까르마는 어떠한 것도 남지 않을 때까지 조금씩 조금씩 소비되는 것이 아닙니다. 까르마에 끝은 없습니다. 해방이 오면, 모든 지나간 까르마와 미래의 그 모든 결과를 태우는 커다란 화톳불이 있습니다. 자유, 즉 지반묵띠에 도달하면, 인상들은 더 이상 저장되지 않고, 인상들이 더 이상 저장되지 않을 때, 새로운 까르마는 만들어지지 않고, 태어남도 더 이상 가능하지 않을 것입니다. 지반묵띠는 그가 자유롭다는 것을 압니다. 그는 그의 삶에서 그가 행한 것에 상관없이 항상 자유로울 것이라는 것을 압니다. 이 상태를 잃어버릴 가능성은 없습니다.

다른 사람들도 참나를 경험할 수 있을 것입니다. 그러나 그것은 영원하지 않습니다. 망각이 있습니다. 그래서 망각이 오면 그는 잠시 동안 마음으로 돌아가게 되고, 그 다음 다시 자신의 참된 본성을 회상하고는 다시 참나로 돌아갑니다. 이것은 지반묵띠가 아닙니다. 왜냐하면 이 상태에서는 마음과 그것의 경향성들이 영구히 근절되지 않았기 때문입니다. 살아 있는 동안 마음과 참나 사이에서 흔들리는 사람은 죽을 때 비데하묵띠는 될 수 있으나, 살아 있는 동안 지반묵띠는 아닙니다.

그러면 비데하묵띠는 노력에 의해 그의 참나 자각을 유지하려고 애써야 하는데 반해, 지반묵띠는 그렇지 않습니까?

노력을 통해서 지반묵따의 상태에 도달했든지, 아니면 노력을 하지 않고도 지반묵따의 상태에 도달했든지 간에, 그는 자신이 까르마의 속박에서 자유롭다는 것을 압니다. 더 이상 속박도 없고 무지도 없습니다. 까르마는 육체로 하여금 계속 활동을 하도록 하겠지만, 그것이 속박의 원인이 되지는 않을 것입니다. 왜냐하면 아무것도 없고, 이 까르마의 영향을 받을 수 있는 사람이 전혀 남아 있지 않기 때문입니다.

참나 안에 완전히 자리 잡지 않은 사람들에게, 미결정의 까르마는 미래의 삶으로 이동될 수 있습니다. 그러나 지반묵따는 이러한 가능성을 가지고 있지 않습니다. 이 말의 뜻은 그가 마지막으로 인간으로 태어나서 살아야 할 운명에는 흔히 고통스러운 사건들이 포함된다는 것입니다. 왜냐하면 겪지 않으면 안 될 여러 가지 일들을 다음의 내생으로 연기할 수 없기 때문입니다.

그러나 '참나'를 경험하고 그 다음 참나를 잃어버린 사람의 경우에, 지반묵따가 되기 위해 그가 할 수 있는 것은 아무 것도 없습니까? 아니면 그가 죽을 때까지 그냥 기다리면서 비데하묵띠가 되기를 기대해야 합니까?

때때로 책무들과 의무들을 가지고 거기에 사로잡히는 것이 당신의 까르마입니다. 이런 일이 일어날 때 그것들에 대해서 당신이 할 수 있는 것은 아무것도 없습니다.

최종적인 해방에 도달한 후에 사람은 때때로 자신의 모든 까르마가 과거의 행동과 사건들과 어떻게 연결되는지를 볼 수 있습니다. 그러나 그 전에는 까르마가 당신을 사로잡으면 당신은 견뎌야만 합니다.

붓다에 대한 이야기가 있습니다. 그가 숲 속을 걷는 동안에 두통이 생겼습니다. 그가 두통에 대해 아난다에게 말했을 때 아난다는 약을 찾기 위해 가까운 마을에 가자고 제안했습니다.

붓다는 대답했습니다. "아니다. 기다려라. 나에겐 어떤 약도 필요 없다. 나는 이 두통의 원인을 알고 있다. 235번째의 전생 전에 나는 몬순이 없어진 마을에 살았다. 그 마을 연못이 천천히 고갈되어 작은 물웅덩이가 되었을 때 남아 있는 물고기들이 진흙 주변에서 펄떡거리기 시작했다. 그 마을의 모든 소년들이 재미로 물고기를 돌로 내려치기 시작했다. 나도 그 소년들 중 한 명이었다. 나는 고기를 맞혔고 커다란 상처를 입혔다. 이것이 내가 지금 두통을 앓고 있는 원인이다. 나를 고통스럽게 두어라. 이것은 나에게 일어나야만 하는 일이다."

자유가 찾아오면, 당신은 때때로 어떤 문제가 왜 일어났는지를 알게 됩니다. 그러나 당신은 그 문제가 일어나는 것을 막을 수는 없습니다. 이 모든 것은 결국 해결되어야만 합니다. 자유가 올 때, 고통을 겪는 신체와 동일시하는 '나'라는 존재가 더 이상 없기 때문에 진정한 고통은 없습니다. 그러나 신체는 여전히 이러한 사건들을 겪어야 합니다.

(새로운 질문자) 붓다의 이야기가 신화입니까, 아니면 실제로 일어난 것입니까?

　당신은 현재의 상태를 '현실'이라고 부릅니다. 그리고 이런 오래된 이야기들을 '신화'로 치부해 버립니다. 꿈이 있는 한 신화는 있습니다. 꿈속에서 뱀은 당신에게 실제의 위험물인 것으로 나타납니다. 그래서 그 뱀이 물면 당신은 고통을 받습니다. 당신은 꿈속의 의사에게 달려가서 주사를 맞습니다. 왜냐하면 이렇게 해야 고통이 끝날 것이라고 생각하기 때문입니다. 그러나 당신이 깨어나면 꿈의 이야기는 신화와 마찬가지로 더 이상 타당성이 없다는 것을 압니다. 현재의 상태, 즉 당신이 현실이라 부르는 이 세상이 단지 신화, 허구임을 알 때, 그것은 끝날 것이고, 마치 그것은 결코 존재하지 않은 것처럼 될 것입니다. 이것이 궁극의 진리입니다. 존재하는 것은 아무것도 없다는 것. 제가 이와 같이 말할 때, 당신은 제 말을 이해할 수 없을 것입니다. 왜냐하면 제가 말한 것의 어떠한 것도 당신 경험의 일부분이 아니기 때문입니다. 대신에, 저는 당신이 실재라 여기는 이 신화의 영역에서 살고 있는, 지금 당신이 있는 이곳에서 당신에게 이야기할 것입니다. 당신이 바로 지금 있다고 생각하는 곳에서 출발한다면, 당신이 끝낼 필요가 있는 곳을 볼 수 있을 것입니다.
　고통은 출발하기에 좋은 장소입니다. 왜냐하면 모든 사람들은 이런

저런 식으로 고통을 받고 있다고 믿기 때문입니다. 붓다는 모든 것이 고통 속에 있다는 것을 가르쳤습니다. 왜냐하면 그곳이 바로 모든 사람이 자신이 처한 곳이라고 생각하기 때문입니다. 붓다 자신의 탐구는 자신의 도시에서 고통을 봄으로써 시작되었습니다. 그는 아픈 사람, 나이 든 사람, 죽은 시체를 보았습니다. 그리고 그의 가족이 그를 고통으로부터 보호하기 위해 그렇게 열심히 노력한다는 것을 알게 되었습니다. 그는 모든 것이 고통 속에 있다는 진술로부터 시작된 가르침을 구체화했습니다. 그리고 나서 고통이 끝날 수 있는 방법을 가르쳤습니다. 당신이 신화를 믿을 때는 그 신화와 함께 시작해야만 합니다. 그리고 나서 신화로부터 멀어져 가야 합니다. 당신이 살고 있는 이 꿈의 세상은 신화이고 환영입니다. 당신이 그것을 진실로 받아들이고 있기 때문에, 나는 당신이 그 속에서 고통을 받고 있다는 불평을 받아들일 것입니다. 그리고 당신의 고통을 끝내고 자유로워지는 방법에 대해서 조언해 줄 것입니다. 그러나 제가 이 모든 말을 하는 동안, 저는 실제로 당신이 고통스럽다는 것을 한 순간도 결코 받아들이지 않을 것입니다. 그리고 또한 당신이 살고 있다고 주장하는 그 세상이 실재라고 하는 것을 결코 받아들이지 않을 것입니다. 당신에게 이 신화는 진실입니다. 삼사라, 창조, 모든 신들, 그들은 모두 당신에게 실재합니다. 왜냐하면 당신은 자신에게 부과한 신화를 꿰뚫어 보지 않고 있기 때문입니다.

(새로운 질문자) 라마나 마하리쉬는 처음으로 띠루반나말라이에 도착한 후 그곳의 외진 곳에 앉아서 여러 해를 보냈습니다. 그는 그 시간의 대부분을 사마디 상태로 있었던 것 같습니다. 그는 대부분 어떤 사람과도 대화를 할 수 없었기 때문에 이 기간 동안 가르치지 않았습니다. 집중적인 명상 또는 따빠스들이 있었던 이 기간 동안 그의 내부에는 변한 것이 없습니까? 이 기간 동안 참나에 대한 그의 경험은 더 깊어지거나 안정되어 갔습니까? 아니면 같은 상태로 머물러 있었습니까?

띠루반나말라이에 오기 전에도 그의 깨달음은 완전하고 결정적이었습니다. 깨달음은 그가 16살 때 마두라이에 있는 그의 집에서 일어났습니다.

그래서 그는 띠루반나말라이에 오기 전에도 지반묵따였습니까?

그렇습니다. 자유로워지는 데 시간이 걸리지도 않았고, 자유를 확립하는 데도 몇 년이 걸리지 않았습니다. 그것은 그의 가족이 있는 집에서 일어났고, 오직 참나만 남긴 채 소년 벤까따라만은 '사라졌습니다'. 몇 가지 과거의 경향성들 때문에 그는 아루나짤라에 큰 매력을 느꼈고, 그래서 몇 주 후에 그곳으로 갔고, 다시는 가족에게 돌아가지 않았습니다. 그는 완전히 깨달은 지반묵따로서 거기에 앉아, 눈을 감고 어떤 명상의 상태에 들게 되었습니다.

당신이 참나를 깨달은 후에, 진정한 명상이 시작될 수 있습니다. 그 상태에서 이해하거나 얻는 것은 아무것도 없습니다. 그래서 이해될 수 없는 것인 참나가 당신을 참나 자신에게로 끌어당겨서, 확고하게 참나에 집중하게 만듭니다. 모든 주의가 참나 속으로 끌려 거기에 집중했을 때 이것이 진정한 명상입니다. 어떤 사람들은 무엇인가를 이루기 위해 명상합니다. 명상가, 명상의 대상, 그리고 명상하는 행위가 있습니다. 이 세 가지 것들 사이에서 거래가 끊임없이 일어납니다. 이것은 진정한 명상이 아닙니다. 그것은 무언가를 이루려고 노력하는 자에 의해 유지되고 조직되는 거래일 뿐입니다.

저는 이러한 실제적이고 지속적인 명상은 오직 자유를 찾은 후에야 일어날 수 있다고 믿습니다. 이것이 라마나 마하리쉬가 띠루반나말라이에 온 이후에 그가 관여했던 일입니다. 그는 단지 참나를 즐기고 축복하면서 혼자서 침묵으로 앉아 있었습니다. 그는 먹지도 않았고, 그가 누구인지를 안 사람도 거의 없었습니다. 몇 년 동안 그는 이처럼 앉아 있었습니다. 그는 무엇인가를 이루려고 노력하지 않았고 그의 경험이나 이해를 깊게 하려고 애쓰지도 않았습니다. 그는 자유에 완전히 몰두하게 됨으로써, 단순히 그의 자유를 축복하였습니다.

그래서 만약 어느 누구도 그가 있었던 지하실에서 그를 밖으로 데려 나오는 수고를 들이지 않았다면, 그는 과연 여생을 거기서 살았을까요?

그는 발견되어 밖으로 나오게 되었습니다. 그는 가르칠 운명을 가졌습니다. 그래서 누군가가 그를 찾아 세상 밖으로 나오게 한 것입니다. 그는 그러한 역할을 너무 꺼려한 나머지 몇 번 벗어나려고 했습니다. 그러나 결국 그것이 그의 운명임을 깨닫고 정착했으며 아쉬람이 그를 중심으로 성장했습니다.

(새로운 질문자) 명상으로부터 얻는 이익을, 즉 진보를 잃을 수 있습니까? 아니면 명상이 잘 진행되는 것 같지 않을 때라도 그 이익은 서서히 축적됩니까?

만약 어떤 형태의 명상을 따른다면 당신은 목적을 가지는 것입니다. 그 목적이 달성되지 않았더라도 당신은 무언가를 잃은 것은 아니고 단지 목적만 달성하지 못한 것입니다. 당신이 목적을 달성함이 없이 죽는다면, 다음 생에서 계속 수행할 것이고 당신의 일이 완성될 때까지 계속 일어날 것입니다. 당신이 참나를 향한 강한 열망을 가지고 그것을 이루기 위해 열심히 명상을 해왔다면, 다음 생에는 매우 순조로운 환경을 맞이할 것입니다. 당신은 발전하는 데 유리한 환경과 자궁을 선택할 것입니다. 자유는 한 생애에 끝나는 과업은 아닙니다. 이 때문에 저는 자유에 대한 욕망은 아주 드문 환경을 제외하고 잘 일어나지 않는다고 가끔 말한 것입니다. 그 욕망은 수백만 번에 걸쳐서 사람의 몸으로 태어나야 얻어지는 것입니다. 그것은 그냥 마음속에 나타난 임의적이거나 아무 원인도 없는 일시적인 생각이 아닙니다. 수백만 번에 걸쳐 사람으로 태어난 뒤에 드디어 당신은 단지 관능적인 쾌락이 아닌 자유에 대한 욕망을 가지는 이 지점에 이르게 됩니다.

모든 인간들은 감각적인 즐거움에 중독되어 있습니다. 그들 중 일부는 자신이 신에게 헌신하기 때문에 스스로를 '종교적인' 사람이라고 부릅니다. 그러나 그들의 믿음과 의식을 조사해 보면, 그들이 천국에서 즐길 수 있도록 종교 의식들과 명상들을 하고 있다는 것을 알 수 있을 것입니다. 그들은 감각적인 쾌락들에 너무나 중독이 되어 있어서, 영구적으로 보장된 그런 쾌락의 공급을 얻기 위해 열심히 일을 하고 있습니다.

다른 '종교적인' 사람들은 결국 경전들을 연구하고, 그 내용을 충분히 습득하게 됩니다. 그들의 기쁨은 지식에 대한 즐거움입니다. 저는 이와 같은 사람들을 많이 만났고 보았습니다. 그들은 당신이 인용할 수 있는 경전의 어느 구절에 대해서도 충분한 설명을 해줄 수 있습니다. 그러나 자유를 향한 욕망은 그들의 마음속에 있지 않습니다. 저는 남인도에 이와 같은 몇몇 친구가 있습니다. 약간의 헌신은 있을지 몰라도 자유에 대한 욕망은 없습니다. 그것은 아주 극소수의 사람에게 일어납니다.

그래서 이러한 사람들은 심지어 비데하묵띠의 후보자도 못 됩니까?

그렇습니다. 못 됩니다. 자유를 향한 욕망이 없기 때문입니다. 그러한 욕망 없이는 자유가 일어날 수 없습니다. 소수의 사람들은 그러한 욕망을 가지고 있으나 대개 약한 욕망입니다. 그들은 그러한 욕망에 전적으로 초점을 맞출 정도로 충분히 진지하거나 성실하거나 정직하지 않습니다. 그들은 약간의 발전을 하다가, 어떤 욕망에 굴복하게 되고 마음이 산란해지고, 다시 예전의 상태로 돌아갑니다. 이런 일이 반복하여 일어납니다. 앞으로 몇 발자국 나아가다가 그 다음 몇 발자국 물러서는 것입니다. 뒤로 물러설 때 당신은 마음의 올가미에 걸려들게 됩니다. 수많은 생들이 진정한 발전을 하나도 이루지 못하고 이처럼 왔다가 사라질 수 있습니다.

확고하게 목적을 향해 다가가는 단호한 사람일지라도 여정의 마지막에 가서는 주저할 수 있습니다. 마음은 여전히 있을 것이고, 계속해서 마음을 사용하고 싶은 강한 욕망이 있을 것입니다. 이러한 사람들은 참나와 대면하게 되겠지만, 마음은 여전히 거기에 있으면서 평가하고 계획할 것입니다. 그들은 무의식적으로 "나는 나의 노력에 의해 이렇게 멀리까지 왔다. 이제 나를 여기까지 데려다 준 이 똑같은 마음을 사용해서 지금 일어나고 있는 일을 이해하고, 또 다음에 무엇을 해야 할지를 결정해야겠다."고 생각할 것입니다. 이런 생각 때문에 그들은 머뭇거리게 될 것이고, 목표로부터도 멀어지게 됩니다. 그리고 그들이 목표에 도달하지 못하면, 그 꼭 같은 마음은 그것이 원하는 것을 왜 얻지 못하는지를 해결하려고 더욱 분주하게 움직일 것입니다. 평가하는 마음을 놓고, 어떤 식으로든 생각함이 없이 그 '무nothingness'의 상태로 바뀔 수 있는 사람은 매우 드물 것입니다.

　당신은 진지해야만 하고, 그 밖의 모든 것을 제외하고 자유를 원해야만 합니다. 만약 당신이 "나는 자유를 원한다."고 생각하고, 그 다음 모든 옛날의 습관들로 돌아간다거나, 아니면 하루에 30분 동안 명상을 함으로써 그 자유를 얻을 수 있다고 생각한다면, 그것은 농담에 지나지 않습니다. 많은 사람들이 여기에 와서 "나는 자유를 원한다."고 말합니다. 그러나 그들은 이러한 목적에 주의를 오래 집중할 수 없습니다. 당신은 어딘가에 가려고 마음먹고, 길을 따라 걸어가지만, 가는 도중에 길가에서 춤을 추는 공연을 보면 그것을 보기 위해 멈춥니다. 몇 분 안에 당신은 여정의 목적을 잊어버린 것입니다. 이것은 "나는 자유를 원한다."고 말하는 대부분의 사람들에게 해당되는 방식입니다. 목적에 집중하고 마음이 산란해지지 않으려는 결심이 없는 것입니다. 마음은 매우 교활합니다. 마음은 여정의 어떤 단계에서 당신을 속일 수 있습니다. 마음은 당신이 자유를 위해 노력하려고 결심할 때, 당신의 주의를 딴 곳으로 돌릴 수 있습니다. 그리고 당신이 참나와의 만남에 가까이 다가갈 때, 마음은 당신을 속여 당신이 환각을 일으키고 있다고 믿게 하고, 당신이 보고 경험하는 것이 가치가 없는 것이라고 믿게 할 수도 있습니다.

당신이 자신의 참나를 만나러 다가갈 때, 마음은 당신이 하는 것이 잘못됐다고 설득하는 데 성공할 뿐만 아니라, 당신을 다른 방향으로 빗나가게 하여, 어떤 정신적 미궁에 빠뜨려 길을 잃게 만들려고 노력할 것입니다. 마음은 당신이 좋아하는 신의 비전을 만들어 내어 그 신과 사랑에 빠지게 할지도 모릅니다. 그렇게 함으로써 마음은 당신의 주의를 무형의 참나로부터 멀어지게 할 것입니다. 마음은 어떻게 하면 당신을 속일 것인지도 압니다. 그래서 당신이 자유에 가까이 다가가면, 마음은 그것이 갖고 있는 엄청난 현현의 힘을 이용하여 당신을 속여 참나로부터 떼어 놓을 어떤 것을 만들어 낼 것입니다.

이것이 마음입니다. 당신이 보는 모든 것은 바로 이 마음입니다. 모든 현현, 모든 과거와 현재와 미래, 모든 신들, 천국과 지옥 등 이러한 모든 것들이 마음입니다. 마음이 얼마나 대단한 힘을 가졌는지요! 마음은 당신에게 비전들이나 즐거운 내적 상태들을 줌으로써 당신을 돕는 척할 것입니다. 그러나 마음은 당신이 자신의 참나와 생각 없이 만나는 것을 떼어 놓기 위하여 마음이 할 수 있는 모든 것을 다 할 것입니다. 생각이 없을 때는 마음은 당신을 딴 곳으로 돌리는 힘이 없습니다.

생각들이 있을 때는 당신은 불가피하게 생각에 기만을 당할 것입니다. 당신은 마음을 지배하고 통제하고 있고, 당신 자신의 이익을 위하여 그 마음을 지시하고 있다고 생각하지만, 사실은 마음이 당신을 지배하고 있습니다. 마음은 치명적인 힘으로 가득 찬 위험한 호랑이입니다. 당신은 그 호랑이에게 죽임 당하지 않고, 이 거대한 힘을 가진 호랑이를 타는 법을 배워야 합니다.

성공하기 위해서는 강한 결심이 필요합니다. 그런 결심이 있을 때, 당신의 목표에 초점을 맞춘 올바른 길로 당신을 계속 나아가게 해줄 신의 은총이 내릴 것입니다. 당신이 진지하다면, 도움은 올 것입니다.

몇 년 전에 저는 루드라쁘라약에서 어떤 사람을 만났습니다. 그는 진지한 목적을 가지고 있었기 때문에 필요한 도움을 받았습니다. 이 이야기는 제가 남인도로 가는 기차를 타기 위해 나갔던 럭나우 기차역에서 시작되었습니다. 당시에는 다른 열차에 붙어 있는 한 칸짜리 특별한 객실이 있었는데, 그것을 타면 바로 마드라스로 갈 수 있었습니다. 저는 티켓을 샀지만, 마드라스 행 객차가 그 열차에 붙어 있지 않았습니다. 그리고 그 역의 어느 누구도 그 열차가 어디에 있는지 몰랐습니다. 저는 남부로 가는 여행을 포기하고 대신에 리쉬께쉬로 향하는 티켓을 샀습니다. 리쉬께쉬에 도착했을 때 저는 다시 12시간이나 버스를 타고 가야 하는 루드라쁘라약 행 버스 티켓을 샀습니다. 순례자들은 높은 히말라야의 몇몇 순례지로 가기 위해 이 길을 택합니다. 그러나 이때는 한겨울이었습니다. 바위가 쏟아져 내리는 산사태와 눈이 고산지의 목적지로 통하는 모든 길을 차단해 버렸습니다. 그리고 루드라쁘라약은 버스가 갈 수 있는 가장 먼 곳에 있었습니다. 제가 왜 거기로 갔는가? 저는 모릅니다. 거기에 볼 일도 없었습니다. 그리고 저는 추운 겨울을 버텨 내기에는 준비가 너무 부실했습니다. 루드라쁘라약은 해발 6,000피트 이상이고, 적절한 장비가 없다면 한겨울을 지나기에는 날씨가 좋은 곳이 아닙니다. 저는 출발할 때 남인도의 따뜻한 날씨에 어울리는 옷가지를 가방에 챙겨 넣었습니다. 그러나 길고 추운 여정임을 알았음에도 불구하고 무엇인가가 저를 그 버스에 타게 만들었습니다.

버스에서 내리자마자 무엇인가를 먹기 위해 가까운 식당으로 갔습니다. 매우 잘 차려입은 사람이 저를 따라와서는 이야기를 나눌 수 있는지 물었습니다. 그가 저에게 매달렸던 속도로 봐서, 저는 그가 틀림없이 그 지역의 호텔 대리인이거나 아니면 저와 거래를 원하는 다른 지역의 대리인일 것이라고 추정했습니다. 겨울철에는 그리 많은 사람이 이런 산악 지역의 마을에 가지 않아서, 눈에 띄는 사람이면 누구든지 고객으로 끌기 위해 경쟁이 치열했습니다.

저는 말했습니다. "저는 몹시 배고파서 음식을 먹어야 합니다. 음식을 먹지 못한 채 12시간 동안 버스에서 보냈습니다. 기다려 주세요."

그는 밖으로 나가 제가 다 먹을 때까지 기다렸습니다.

제가 문밖으로 걸어갔을 때 그는 "식사하기 전에 당신을 귀찮게 해서 죄송합니다. 그러나 저는 당신에게 다가가 말하고 싶은 강한 충동을 느꼈습니다. 강둑으로 내려가서 이야기합시다. 그곳은 앉아서 이야기하기에 매우 좋은 장소입니다."라고 말했습니다.

루드라쁘라약은 두 강이, 즉 만다끼니 강과 알라끄난다 강이 만나는 곳입니다. 그 강둑은 정말로 겨울에도 앉아 있기에 멋진 곳입니다. 저는 그의 용건이 무엇일까 생각하면서 그를 따라 강으로 내려갔습니다. "저는 뿌네에서 온 엔지니어입니다. 군사공학서비스에서 일하고 있습니다. 저에게는 작년에 세상을 떠난 스승이 있었습니다. 그분은 죽기 전에 저에게 말하기를 제가 바로 금생에서 깨달을 것이라고 했습니다. 저는 깨달음을 얻지 못했지만 스승이 저를 사랑했고 저에게 거짓말하지 않았을 것이라는 점을 압니다. 이러한 약속이 얼마 동안 저를 괴롭혔지만, 제가 그것에 대해서 무엇을 할 수 있겠습니까?

20일 전에 그분은 비전으로 저에게 나타나서, '바드리나뜨로 가라.'고 말했습니다. 이와 같은 지시를 듣고 어떻게 해야겠습니까? 바드리나뜨로 가는 도로는 폐쇄되었고, 적어도 한 달 동안은 개통되지 않습니다. 그곳의 사원도 개방하지 않습니다. 그럭저럭 걸어서 거기까지 간다 해도, 제가 거기에 도착해 무엇을 할 수 있을까요? 일 년 중 이맘때면 아무 일도 일어나지 않습니다. 처음에 저는 이것이 저 스스로 만들어 낸 일종의 비전일지 모르겠다고 생각했습니다. 다시 말해 제가다시 스승의 형상을 보고 싶은 욕망 때문에 생긴 비전일지 모른다고 생각했습니다. 또한 저의 스승은 전 생애 동안 직접 성지순례를 가 본 적이 결코 없고, 누군가에게 가라고 권하지도 않았기 때문에 스승의 그러한 지시가 매우 이상했습니다. 처음에 저는 '스승님이 나에게 하라고 말씀하신 것은 너무나 터무니없는 것이라서 틀림없이 모종의 마음의 속임수일 것이다.'라고 생각했습니다.

그러나 한편으로는 '이분은 나의 스승이시니, 나를 도와주려고 애쓰고 계실지도 모른다.'라는 생각을 했습니다. 그래서 20일간의 휴가를 내서 오늘 아침 여기에 도착했습니다. 제가 공학을 전공했기 때문에, 이곳의 모든 산악도로를 관리하는 사람들인 정부의 엔지니어들에게 이야기를 해서, 정부의 휴게소에서 묵도록 허락을 받았습니다. 그들은 저에게 바드리나뜨로 가는 길이 공사 중이어서 적어도 이틀 동안은 어느 곳이든 갈 수 없다고 말했습니다. 당신이 도착한 것을 보았을 때, 내부의 무엇인가가 말했습니다. '이것이 바로 내가 여기에 온 이유이다. 이분이 내가 만나야 할 바로 그 사람이다.'"

어떻게 이러한 일들이 일어났을까요? 저는 객차를 찾지 못해 남인도 여행의 발길을 돌려, 결국 식당에 와서 그의 스승에 의해 여기로 보내진 어떤 사람과 이야기하게 되었습니다.

저는 그 마을에서 그가 다가갈 수 있었던 그 많은 사람들 중에서 왜 저를 선택했는지 그 이유를 알고 싶었습니다.

저는 "여기에는 당신의 참나 실현의 탐구를 도와줄 수 있는 것처럼 보이는 많은 사두들이 있습니다. 왜 당신은 평범한 옷을 입은 방문객인 저에게 곧장 걸어와서 이러한 이야기를 하는 겁니까?"라고 말했습니다.

"예, 여기에는 영적으로 보이는 사람들이 많이 있습니다. 이곳은 유명합니다. 아디 샹까라짜리야는 이 근처에서『비베까쭈다마니』를 썼습니다. 그리고 인근에는 여전히 많은 학자들과 사두들이 있습니다. 저는 주위를 걸으면서 몇 시간 동안 이런 사람들을 많이 보았습니다. 그러나 당신처럼 제 마음이 끌린 사람은 아무도 없었습니다."

"그러나 당신이 본 것이 무엇이기에 그러한 결정을 하게 되었습니까?"라고 저는 계속 물었습니다.

"모릅니다. 그러나 저를 이곳으로 오게 하여 당신에게 다가가도록 한 것은 저의 스승의 은총과 과거와 현재의 모든 마하뜨마들의 은총이라고 생각합니다. 그 이상은 모릅니다. 저는 당신에게 상식적이고 합리적인 이유를 말해 드릴 수 없습니다. 저의 스승이 살아 계셨을 때 스승이 저에게 한 약속을 당신에게 말씀드렸고, 저의 스승이 저에게 이 이상한 순례를 떠나게 했다고도 말씀드렸습니다. 저는 스승이 약속을 이행하기 위해 저를 여기까지 보냈다고 믿습니다. 또한 제 스승은 몸으로 존재하지는 않지만 저를 여전히 인도해 주고 있다고 믿습니다. 더 나아가 오늘 당신을 만나도록 저를 여기에 보냈다고 믿습니다."

이 남자는 35세쯤 되어 보이는 아직도 꽤 젊은 사람이었습니다. 그러나 그는 자유에 대한 강한 욕구가 있었고 이러한 욕구 때문에 이 이상한 여행을 시작했던 것입니다. 우리는 약 한 시간 동안 대부분 침묵으로 강가에 함께 앉아 있었습니다. 이 만남에서 그는 최초로 그의 스승이 약속했던 참나를 보았습니다.

그의 숙소가 저의 숙소보다 더 따뜻하고 시설이 잘 되어 있어서 그는 같이 묵자고 저를 초대했습니다만, 저는 그의 초대를 거절했습니다.

"고맙습니다만 안 됩니다."라고 저는 말했습니다. "저는 리쉬께쉬로 돌아가야 합니다. 이제는 제가 여기에 온 이유를 알겠습니다. 저의 일이 끝나서 집으로 갈 수 있습니다."

어떻게 이러한 일이 일어났을까요? 이것은 우연한 만남이 아닙니다. 어떤 힘이 그러한 만남을 만들었고 우리를 이 이상한 장소로 함께 데려왔습니다. 왜냐하면 그 사람에게는 그의 스승이 얻을 것이라고 말해 준 목적을 달성하기 위한 강한 욕구가 있었기 때문입니다. 도움은 어디에나 있습니다. 당신이 추구하는 것이 정직하다면, 어떻게 참나가 당신에게 필요한 올바른 가르침을 주지 않을 수 있겠습니까? 그러나 당신이 정직하지 않다면, 당신은 미혹될 것입니다. 당신은 속고 기만당할 것입니다. 그러나 속고 기만당한다 하더라도 너무 당황하지 마십시오. 왜냐하면 그것도 또한 당신이 필요한 것이기 때문입니다.

(새로운 질문자) 이 이야기를 듣고 나니 의문이 하나 생깁니다. 계속해

서 육신을 가진 구루와 함께 있는 것이 필요합니까?

만약 가슴속에 있는 스승이 당신에게 말하는 침묵의 언어를 이해하지 못한다면, 당신 자신의 언어로 말하는 스승에게로 가십시오. 그는 당신에게 "나는 당신 자신의 참나로서 당신 안에 있다."라고 말할 것입니다. 만약 당신이 이 메시지를 이해할 수 없고 가슴속에서 스스로 그 것을 경험할 수 없다면, 그때는 이 중요한 메시지를 당신에게 주고, 그 다음 그가 말하는 것의 진리를 당신에게 보여 줄 수 있는 외부의 스승을 찾아야만 합니다. 진정한 스승은 항상 당신 내부에 있습니다. 그러나 대부분의 사람들은 그들에게 이것을 보여 줄 외부의 스승이 필요합니다. 사실은, '내부'도 '외부'도 없습니다. 그것은 단지 당신의 상상입니다. 진정한 스승은 내면에 있습니다. 침묵으로 머물면서, 말이 아닌 언어로 말합니다. 이러한 언어를 이해하려고 노력하십시오. 그러나 만약 이해할 수 없다면, 침묵을 말로 번역할 수 있는 누군가를 찾으십시오. 그 말은 당신에게 언어가 말해지지 않는 침묵으로 돌아가라고 알려 줄 것입니다. 이것이 스승과 제자의 관계에 대한 모든 것입니다. 만약 당신이 내부의 스승을 알아차릴 수 없다면, 스승은 당신이 볼 수 있는 형상으로 나타날 것이고, 당신이 이해할 수 있는 언어로 말을 걸어 "나는 당신 자신의 참나로서 당신의 내면에 있다."라고 말해 줄 것입니다.

진정한 스승은 결코 당신을 떠나지 않습니다. 당신이 어디에 있든 그는 당신 자신의 참나로서 당신 안에 있습니다. 1947년에 라마나 마하리쉬를 떠났을 때, 저는 '저의 스승을 떠나지' 않았습니다. 왜냐하면 그분은 제가 가는 곳 어디든지 저와 함께 있을 것이란 것을 알았기 때문입니다.

그 당시에 뻔잡 지방에는 많은 어려움이 있었고, 저의 가족 대부분은 아직 거기에 살고 있었습니다. 저는 어떤 신문도 읽지 않았기 때문에 거기에 무슨 일이 일어나는지도 알지 못했습니다.

헌신자들 중 한 명이 마하리쉬에게 저의 가족이 파키스탄과 인도 사이의 새로운 국경선의 반대쪽에 갇혀 오도 가도 못한다고 말해 주었습니다. 이 이야기를 듣고 마하리쉬는 저에게 집으로 돌아가서 가족을 돌보라고 충고했습니다.

저는 마하리쉬와 완전히 사랑에 빠져 있었기 때문에 가기를 원하지 않았습니다. 저는 그의 모습을 보지 않고는 살 수 없을 것 같았습니다.

우리는 이 대화를 나누면서 함께 언덕을 걷고 있었습니다.

저는 "스승님, 제가 당신을 만나러 오기 전에 저에게는 아내와 자식들, 남동생, 여동생, 그리고 부모님이 있었습니다. 이제 당신을 만난 이후로 이 모든 사람들이 꿈이 되어 버렸습니다. 당신을 제외하고 더 이상 어떤 사람에게도 애착이 없습니다."라고 말했습니다.

마하리쉬는 "만약 그것을 꿈이라고 부르고 싶다면, 왜 그것을 두려워하나요? 만약 그것이 꿈인 것을 알 수 있다면, 이 꿈속의 사람들과 꿈속의 일을 처리할 수 있습니다."라는 말로 대답했습니다.

저는 그분이 말한 내용의 논리를 알 수 있었지만, 떠나고 싶지는 않았습니다. 왜냐하면 저는 그분의 모습과 현존에 완전히 매료되어 있었기 때문입니다.

"저는 당신의 모습에 완전히 집착되어 있습니다. 그것이 제가 남겨 놓은 유일한 관계입니다. 저는 육체적으로 당신에게 너무나 집착되어 있어서, 단지 몇 시간 동안이라도 떠날 수 없습니다. 당신의 현관문이 열리면 저는 안에서 당신을 바라봅니다. 현관문이 닫히면 저는 당신의 창문 밖에 버티어 서서 당신의 모습을 보고 싶어 합니다. 밤 동안에 저는 당신의 앞 베란다에서 잡니다. 왜냐하면 당신으로부터 더 멀리 떨어지는 것은 견딜 수가 없기 때문입니다. 저는 하루에 한 시간 정도 식사를 하거나 욕실에 있을 때만 당신과 함께 있지 않지, 나머지 시간에는 당신과 함께 여기에 있습니다. 그런 제가 어떻게 떠날 수 있습니까?"

그분은 저를 보면서 "나는 당신이 어디에 있든지 당신과 함께 있습니다."라고 말했습니다. 이것들이 제가 그분과 이야기한 것을 기억하는 말들입니다. 나는 그분이 말한 것을 바로 이해했습니다. 마하리쉬가 그 자신을 언급하면서 말했던 '나는 ……이다 am.'는 말은 또한 나 자신의 참나였습니다. 그래서 제가 어떻게 그것으로부터 멀리 떨어질 수 있겠습니까?

저는 더 이상 주장할 수 없었습니다. 저는 그분 앞에 엎드렸고, 그분의 주위를 3번 돌았습니다. 그리고 다시 엎드려서 그분의 발아래 있는 약간의 흙을 모아서 제 주머니 속에 넣었습니다. 저는 고향으로 돌아가서 가족들을 데리고 파키스탄을 떠나는 마지막 기차를 타고 안전한 인도로 돌아왔습니다. 그 이후 저에겐 라마나스라맘으로 돌아갈 기회가 없었습니다. 왜냐하면 저의 가족이 너무 가난한 난민이었기 때문입니다. 저는 여기 럭나우에서 일하면서 가족 모두를 부양해야만 했습니다. 저는 "나는 당신이 어디에 있든지 당신과 함께 있습니다."라는 말뜻이 저의 스승은 항상 저 자신의 참나로서 제 안에 있는 것이라고 이해했기 때문에 다시 돌아갈 필요가 없었습니다.

간단한 질문 하나만 하겠습니다. 왜 마하리쉬 발아래 있는 흙을 가져왔습니까?

감사의 마음입니다. 그것은 저의 절대적이고 무조건적인 감사의 표현이었습니다.

용어 해설

가뜨	신성한 강이나 저수지에 딸려 있는 목욕장. 물가로 내려가는 돌계단이 깔려 있음
갸나	진정한 지식, 참나인 실재에 대한 직접적인 지식
갸니	자기 자신을 갸나로서 직접적인 자각을 한 사람. 깨달은 존재
구나	삿뜨빅을 보라.
구루 뿌르니마	구루를 축하하거나 기리는 매년의 축제일. 보통은 7월의 보름 날에 함
꼬사	보통 덮개로 번역됨. 인도의 몇몇 철학파에 따르면 자아가 기능하는 다섯 실체 혹은 몸
꼬히누르	인도에 다년간 있었던 큰 다이아몬드. 지금은 런던에 있음
꾼달리니	미묘한 몸의 척추의 기반부에서 시작하여 머리 꼭대기 바로 위에 위치하고 있는 중심인 사하스라라로 올라가는, 미묘한 몸 내에서 움직이는 사이킥 혹은 영적 에너지
다르마	문맥에 따라 여러 의미로 사용됨. 올바른 행위, 도덕적 의무, 신성한 법칙 혹은 종교적 전통을 의미할 수도 있음
달샨	구루 혹은 신을 보는 것
따빠스	보통은 신체의 고행을 포함하는 열렬한 영적 수행, 그것의 목적은 영적 불순물들을 태워 버리기 위한 것임
뚜리야띠따	네 번째 상태인 뚜리야 너머
리쉬	현자 혹은 성자
마뜨	유명한 성자를 기념하기 위하여 바친 힌두의 건물. 무뜨라 발음하기도 한다.
마야	환영, 비실재의 세상을 실재하는 것으로 만드는 힘

마하뜨마	위대한 영혼, 위대한 존재
목샤	해방, 특히 생사윤회의 순환으로부터의 해방
바바	사두, 특히 북인도의
바사나	마음의 경향성들 혹은 습관들, 어떤 특별한 방식으로 행동을 하게 강요하는 마음의 잠재적인 욕구들와 욕망들
박따	헌신자
베다	힌두교의 가장 오래된 경전
브람마	힌두의 창조의 신
브람만	힌두교의 비인격의 절대적 실재
비데하묵따	죽음의 순간에 해방되는 사람
비데하묵띠	죽음의 순간에 해방되는 존재의 상태
뿌자	의식으로 신을 숭배함
뿐야	보통 전생에서 행해졌던 영적인 미덕. 많은 뿐야의 축적은 자신의 삶에 우호적인 환경을 낳음. 반면에 많은 양의 빠빰은 불행한 삶을 낳음
쁘라나야마	호흡 통제, 요가적인 호흡 수행
쁘라랍다	까르마의 세 하위 부분들 중 하나. 이전의 삶에서 미해결되었던 작용과 반작용의 결과로 이번의 삶에서 행해져야만 하는 운명적인 행위
사다나	영적인 수행, 영적인 목표를 이루게 하는 수단
사두	깨달음이나 영적인 목표를 구하기 위하여 세상을 포기한 사람
사마디	참나를 자각하고 있지만 세상이나 자신의 몸을 자각하고 있지 않은 몽환 같은 몰입의 상태. 성자의 무덤
사하스라라	꾼달리니를 보라
사하자	자연스러운. 사하자 상태는 보통의 자연스러운 방식으로 세상 일에 관계할 수 있는 깨달음의 상태
산야신	힌두의 삶의 단계인 아쉬라마 중 네 번째 단계의 사람들. 해방을 얻기 위하여 독신의 수도승의 삶을 살기 위하여 세상을 포기한 사람
삼사라	해방을 얻을 때까지 지바가 거치는 계속되는 삶과 죽음의 순환. 더욱 일반적인 의미로는 세상의 삶
삼스까라	특히 이전의 삶으로부터 넘어온 마음의 경향성들 혹은 습관들

삿뜨빅	삿뜨바의 형용사. 삿뜨바는 순수함 혹은 조화를 의미함. 인도의 사상에 따르면 세 가지 구나인 삿뜨바(순수), 라자스(활동), 따마스(둔함)는 마음과 나타남의 세상 둘 다에 있는 근본적이며 변치 않는 성질임
삿상	삿과의 연합. 삿은 보통 진리 혹은 실재를 의미함. 모든 존재들과 모든 현현의 토대인 영원한 변치 않는 존재. 삿상은 자신이 삿과 하나가 된 사람과의 만남이나 혹은 자기 자신의 내면의 삿과의 만남
상가	연합. 참나와의 연합
싯디들	특히 요가 수련에서 오는 초자연적인 힘들
아난다	희열. 참나를 경험함으로써 오는 희열
야마	힌두의 죽음의 신
얏나	베다의 의식. 희생의 공물
자빠	신의 이름이나 신성한 단어 혹은 경구를 반복하는 것
지반묵따	해방된 존재. 때때로 이 용어는 죽는 순간에 해방을 얻은 사람이라기보다는 살아 있으면서 참나를 깨달은 이를 지칭함.
지반묵띠	지반묵따의 상태

단 하나의 생각도 일으키지 마십시오

초판 1쇄 발행 2019년 7월 26일

지은이 데이비드 가드먼
옮긴이 김병채

펴낸이 황정선
펴낸곳 슈리 크리슈나다스 아쉬람
출판등록 2003년 7월 7일 제62호
주소 경상남도 창원시 북면 신리길 35번길 12-9
대표전화 (055) 299-1399
팩시밀리 (055) 299-1373
전자우편 krishnadass@hanmail.net
홈페이지 www.krishnadass.com
ISBN 978-89-91596-60-3 03270

printed in Korea